监所警用装备规范化使用教程

潘海湘　卿洪华　唐翠连　主编

中南大学出版社
www.csupress.com.cn
·长沙·

前 言

　　"监所警用装备规范化使用"是培养监所人民警察的专业课程。2018年以来，司法部相继颁发3号、63号、125号文件，为规范监所人民警察单警装备使用和管理工作、健全警用装备的相关制度提出了更高的要求。而目前已有教材的编写内容比较滞后，在实际使用中过于复杂和难以掌握，已不能适应新时代监所工作的需要，严重影响了司法警察类院校的人才培养质量。

　　为此，我们以习近平新时代中国特色社会主义思想为指导，根据教育部、司法部的文件精神，在认真总结警用装备课程教学经验的基础上，结合学院的实际，编写了这本《监所警用装备规范化使用教程》。

　　本教材在编写过程中，着重考虑了以下三个方面。

　　(1)模块化编写。本教材对监所警用装备规范化使用的专业知识进行了模块划分，使教材结构更加合理、科学。各知识模块之间既自成体系，又存在紧密的逻辑联系，易于学习掌握。每个知识模块下都设置了情景训练项目，让学生在熟练掌握技能的同时，能够更加深刻地掌握法律法规的实际运用。

　　(2)思政多元育人。本教材有机地将思政元素和职业素养相融合，将纯技术教学与职业要求相结合，符合监所基层一线对高素质、实用型监所预备警察的人才培养需求。

　　(3)坚持法理为本。本教材补全了近年来关于监所警用装备规范化使用的文件和法规，为提高监所警察规范执法水平，实现现代化文明监所目标提供了全面的法理依据。

　　本教材在编写过程中吸取了众多学者、专家的成果，并得到了湖南省监狱管理相关专家的大力支持，在此一并表示衷心感谢。由于时间仓促，内容涉及面较广，不妥之处在所难免，敬请各位读者、同仁批评指正。

编 者

2021年8月

目 录

1

学习模块一 绪论

学习任务一 警用装备建设

学习目标

1. 了解警用装备建设的主要任务。
2. 掌握警用装备规范化建设。

加强警用装备建设，推进警用装备现代化，是提高监所警察战斗力的重要条件。警用装备建设主要包括规范化管理、标准化和制度化建设等内容。警用装备建设的重点是管理，关键是规范，基础是经费保障，实质是提供服务。

【学习项目一】 了解警用装备建设的主要任务

一、警用装备建设的现状

近年来，在党中央、国务院和各级党政部门领导的高度重视下，在财政部、发改委等部门的大力支持下，各级警用装备财务部门努力发挥职能作用，警用装备建设取得了显著成绩。警用装备经费的增长、警用装备保有量的增加及警用装备科技含量的提高，改善了警察的执法条件，提高了警察的战斗力。比如，防弹背心等个人防护装备的大幅度配备，有效地保护了一线警察的生命安全；电击枪、抓捕网等特种警用装备，丰富了警用装备项目。

二、警用装备建设的主要目标

当前，我国正处于全面深化改革开放的关键时期，影响社会稳定的因素增多。犯罪的智能化、暴力化程度提高，犯罪手段翻新，反恐防暴任务加重，群体性突发事件增多，处置难度加大，迫切需要加强警用装备的现代化进程。当前和今后一个时期，警用装备建设的主要目标为：警用装备适应实战需要；警用装备科技含量大幅提升；警用装备标准体系基本建立；警用装备现代化管理水平显著提高。

1.警用装备适应实战需要

警用装备基本上能够适应实战工作需要是指警用装备的数量和质量都要能够适应未来警务工作的需要。

2.警用装备科技含量大幅提升

警用装备科技含量大幅提升是指警用装备的科技含量要有质的提高，能够对付智能化、暴力化犯罪，提高反恐防暴的技术防范能力。

3.警用装备标准体系基本建立

要重点研究制订各项警用装备标准，并经科学论证建立健全一套适应警察执法需要的警用装备标准体系，为规范化管理服务。

4.警用装备现代化管理水平显著提高

所谓警用装备现代化管理，主要是指管理的规范化，包括基础规范、制度规范、工作规范、行为规范和服务规范。

(1)要研究开发警用装备信息管理软件，建立警用装备的基础数据台账，统一统计口径，执行统计程序，做好统计报表，提高装备统计的准确性和时效性，努力做到基础规范。

(2)要按照规范化建设的要求，建立健全警用装备管理制度，努力做到制度规范。

(3)要通过学习、调研，制订警用装备工作规定，努力做到工作规范。

(4)通过简化和规范办事程序，实行程序公开，努力做到行为规范。

(5)通过服务意识的逐步提高，努力做到服务规范。

三、警用装备建设的主要任务和工作措施

1.加强警用装备建设规划工作

要制订警用装备发展规划和配备计划，切实加强装备管理，建立健全装备的购置、分配、调拨、使用、报废等管理制度，努力提高装备管理水平，坚决杜绝铺张浪费、贪大求全、盲目购置等问题。

2.建立健全警用装备标准体系

警用装备标准是警用装备建设的基本依据。重点是完善执法单位装备配备的基本标准，建成涵盖各项业务工作和主要警种、横向纵向标准交错的装备配备标准体系。在当前，要重点研究和制订横向标准和纵向标准。各地执法机关要结合本单位工作的实际，研究制订本单位装备标准。同时，要加强警用产品行业技术标准的制订、修改工作，形成警用产品的行业技术标准体系，促进警用产品行业的规范化管理。

3.加强特种警用装备的配备

加强反恐应急、排爆制暴、非致命性警用武器等特种警用装备建设，应对当前形势，进一步提高警察的发现、控制和处置能力。加强个人防护装备配备，抓紧研究制订一线实战民警勤务装备标准，规范警察执勤执法的必配装备，切实提高实战单位警察的防范和控

制能力，最大限度地减少无谓伤亡。

4.建立应急物资储备调拨机制

建立应急物资储备调拨机制，是警察应急反应机制的重要组成部分。司法部将进一步加强全国司法系统警用装备仓库建设，不断增加急需警用物资储备的品种和数量，制订储备物资应急调运工作预案。同时要加强管理，完善基础设施，提高安全防范能力。根据各执法机关的实际情况，将常用警械具储备在本单位，将不是很常用的警械具储存在当地司法厅或监狱管理局，以便各单位调配使用，提高利用效率。

【学习项目二】　警用装备规范化

警用装备规范化，是推动警用装备保障机制工作发展、提高工作质量、充分发挥职务作用的有效途径。

一、警用装备规范化的含义

警用装备规范化，是指装备管理行为、管理实体、管理职能、管理机制、管理人员、装备经费等制度化、模块化管理。在警用装备建设中主要是加强警用装备配备、装备使用和管理制度等建设。

二、警用装备规范化建设的重点

警用装备规范化建设的重点是以提高司法警察基层单位执法能力，提高警察整体作战和快速反应能力为目的，加强一线实战单位的装备规范化建设，逐步建立系统、科学、实用的警用装备规范化体系。

1.坚持科学配备的原则

科学配备是指在警用装备的配备上，根据实际工作需要，按标准进行配备；在警察装备的列装上，要坚持科学论证、专家评审和实战单位使用相结合的列装程序；在大型警务设施装备项目上，要在科学论证、反复调研的基础上进行配备，不能盲目配备，脱离工作实际需要，以防造成损失和浪费。

2.建立健全警用装备标准体系和使用管理制度

警用装备标准体系和使用管理制度是警用装备规范化建设的重要组成部分。警用装备是否能够发挥最大的工作效益，在很大程度上取决于标准化程度和管理制度如何。司法警察基层单位要充分认识建立健全警用装备标准体系和管理制度的重要性，认真执行司法部的有关规定。

3.利用现代科技手段加强管理

警用装备管理工作系统性强、层次多、工作范围广、业务信息量大。因此，要研制开发相关警用装备管理信息系统，以警用装备财务信息系统建设为契机，力争实现警用装备的动态管理，进一步提高警用装备的管理水平。在警用装备管理信息系统实施过程中，各地基层单位要及时、准确地完成系统运行所必需的网络管理、信息录入和维护等工作，确保警用装备管理信息系统高效运行。

学习任务二　警用装备管理

学习目标

1. 了解警用装备管理的内容和特点。
2. 掌握警用装备管理的作用和原则。

警用装备是警察配备使用装备的总称，是确保警察工作顺利进行的基本条件和物质基础。警用装备管理是指警用装备的建设、规划、配备、使用和报废销毁等管理活动。

【学习项目一】 警用装备管理的内容和特点

警用装备种类繁多。按照警察使用警用装备的法律专用属性来分类，警用装备可以分为武器、警械、器材三大类；按照警用装备共享性的强弱来分类，警用装备可以分为通用装备、专用装备、特种装备三大类（图1-2-1）；按照警用装备的功能用途、性能来分类，又会有不同的分类结果。

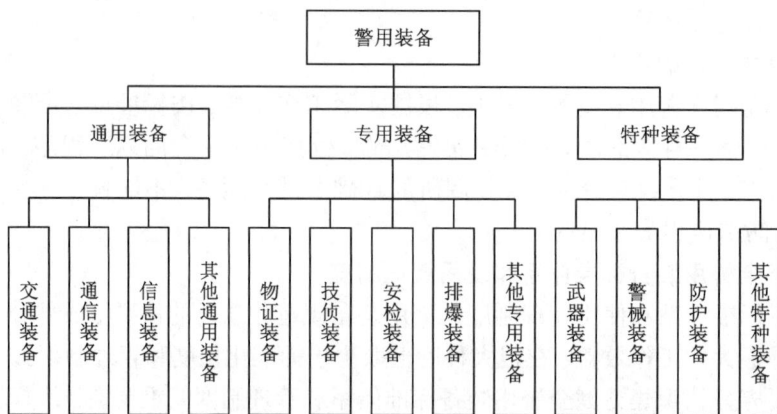

图 1-2-1　警用装备分类

一、警用装备管理的主要内容

警用装备管理是指对警用装备全系统、全流程的管理，即从采购配备、使用到报废销毁的各个环节的管理。警用装备管理过程可以分为列装管理和使用管理两个阶段。列装管理是指警用装备从研发、计划到列装的管理过程；使用管理是指警用装备列装以后的管理过程，主要包括各级警用装备的采购、运行、维修、更新、报废等的管理。

1. 采购管理

警用装备采购管理是指对拟定的警用装备计划执行情况的管理，也是将警用装备需求进一步具体化的过程。按照有关规定应列入政府采购范围的，必须进行政府采购，从而提高采购的警用装备的质量，节约成本。

2. 运行管理

警用装备运行管理是指装备配备后，对所配备装备运行情况的管理。制订和完善装备运行的标准是保障警用装备正常运行的重要内容。在运行管理中，一方面要保障装备的正确使用，不要因操作不当给装备造成损害；另一方面要合理地使用装备，保障装备运行的正常消耗，以免超负荷使用造成装备的寿命折损。

3. 维修管理

警用装备维修管理是指装备运行中出现各种故障的维修管理。各种警用装备在运行中出现故障是必然的，要及时进行维修，以保障装备的正常运转。应当制订维修管理标准，建立维修队伍，对使用人员进行必要的维修培训。

4. 更新管理

警用装备更新管理是指对于一些已失去部分使用价值或过时的装备，但尚未达到报废标准的，予以更新处置。这些装备在一些单位已经过时，但对其他单位来说还有使用价值，可以调剂使用。应当制订装备的更新标准，当装备已经闲置或使用效率下降时，要及时将此装备调换到更需要的单位。

5. 报废管理

警用装备报废管理是指某些警用装备到了使用年限或失去正常使用功能后报废的管理。目前，大多数警用装备没有报废的规定或标准，因此加强对警用装备性能的了解，与使用单位协作，建立健全警用装备报废标准，是今后警用装备管理的重点工作之一。

二、警用装备管理的特点

1. 专业性与通用性

司法系统基层执法机关既有与其他行政管理机关相同的大量适用于一般行政执法的装备，也有与军队装备类似的警备、武器、技术侦查器材等专用装备。其专用装备具有自动化程度高、使用维护技术要求高、使用的目的性强等特点。因此，警用装备管理既有一般行政管理的共性，应当尽可能与市场接轨，最大限度地减少人力和物力的耗费，又有其特殊的专业性，特别是对警械、武器、技术侦查器材和服装等，必须强调全过程管理，即对购置、使用、维护、保管及报废等各个环节进行控制和管理。要制订严格的管理制度，保证不会因警械、武器的管理不当而给人民群众的生命、财产带来损失或者使警察造成无谓的伤亡。

2. 先进性与适应性

先进性主要表现在警用装备的科技含量越来越高，许多警用装备处于国内领先地位。智能化犯罪是当前犯罪手段变化的趋势之一，警察执法必须借助和配备先进的技术装备，这是适应当前犯罪形势，取得作战优势的重要基础。当然，装备的配备不能超越实际的经济水平，不能盲目地上大项目、高科技项目，违背量力而行的原则。警用装备管理在很大程度上是为了满足基层警察工作的需要，配备装备要充分考虑适应基层执法机关的实际情况，不能片面强调先进性，盲目追求警用装备的技术含量。只有这样，才能最大限度地发挥装备的效能。

3.分散性与统一性

警用装备管理不仅是装备管理部门的职责，装备使用部门同样负有一定的装备管理责任。因此，应采取以下四种管理方式：

（1）分散管理，即装备分散于各个使用部门，并由各使用单位独立管理。其优点是便于使用部门对装备的使用；缺点是可能会造成装备使用率不高、重复配置等现象。

（2）集中管理，即装备部门对共享类装备进行集中管理。优点是避免重复配置，提高装备的使用率；缺点是可能会造成使用部门使用上的不方便。

（3）阶段管理，即按照装备管理流程的各个阶段进行管理。如装备的计划管理、采购管理、维护管理、消耗管理、更新管理等。优点是每个阶段管理细致；缺点是整体协调性不够好。

（4）全程管理，即以某类装备整体流程为对象，进行全过程管理。优点是有利于整体协调；缺点是各个阶段管理不细。

【学习项目二】 警用装备管理的作用、目标和原则

一、警用装备管理的作用

1.警用装备管理是提高警察战斗力的基础条件

随着科学技术的发展，犯罪案件呈智能化发展趋势，犯罪分子的反侦查能力也在不断提高，这对警用装备管理提出了许多新的要求。警用装备管理得如何，直接关系到警察战斗力的发挥。如果没有强有力的物资保障，尤其是警用装备的支持，执法工作将难以开展。而警用装备管理就是要合理使用人力和物力，充分发挥装备的作用，给警务工作提供足够的支持和保障。同时，警用装备管理可使人、财、物有机结合起来，形成一个整体，进一步提高警用装备的总体效益，充分发挥管理的综合功能，不断提高警察队伍的整体战斗力。

2.警用装备管理是提高经费使用效益的重要手段

随着形势的发展，警察执法任务日趋繁重，对警用装备的要求越来越高。与此同时，警用装备经费保障的供需矛盾突出。解决这个矛盾的主要出路是加强管理，提高警用装备的完好率和使用效率，并以此提高资金的使用效益，力求以最小的人力、财力、物力取得最大的综合效益。

二、警用装备管理的目标

警用装备管理的目标是通过有效的管理最大限度地发挥警用装备的使用效能。发挥警用装备管理效能的因素较多，主要的有以下八个因素：

（1）时间因素，主要是指在警用装备的管理中，以最短的时间实现装备的有效研发、生产或配备。

（2）经费因素，主要是指在警用装备的管理中，用有限的经费购置更多的装备或研发出更符合执法工作需要的新装备。

（3）性能因素，主要是指通过对警用装备的有效管理，最大限度地发挥装备的性能，从而发挥装备的作用。

（4）维护因素，主要是指通过对警用装备及时全面的维修保养，提高装备的使用寿命。

（5）消耗因素，主要是指通过对警用装备科学的管理，使装备的消耗维持最低水平，从而提高装备的有效使用率，达到减少消耗的目的。

（6）服务因素，主要是指通过对警用装备的有效管理，实现警用装备为警务工作提供快捷、全面和有效的服务。

（7）优化因素，主要是指通过对警用装备的有效管理，重新整合相关装备，使装备最大限度地发挥效能。

（8）共享因素，主要是指同一装备由多个部门共同使用，从而提高装备的使用效率，减少重复配置。

三、警用装备管理的原则

警用装备管理同其他行政管理活动一样，必须遵循一定的管理原则，以达到充分利用警用装备的目标。主要包括以下七个原则。

1. 保障警务活动的原则

保障警务活动是警用装备管理的出发点和归宿，是警用装备管理的最高原则。执法部门的各项活动都必须有基本的物资保障。警用装备管理的中心任务是对执法工作所需的物资装备进行合理的规划和分配，以保证警务工作的顺利进行。

2. 追求最大效能的原则

企业讲效益，以追求利润为最大目的；政府讲效能，以完成工作任务为最终目标。警察执法部门作为政府的职能部门，其装备管理以追求最大效能为主要目标，在执法工作中为完成某项任务需要综合权衡人力、物力（警用装备）、财力以及时间等因素，使之协调一致、发挥最大效能。因此，在警用装备管理工作中要贯彻追求最大效能的原则。

3. 阶段性、分散性与统一性相结合的原则

阶段性是指从有利于装备管理的强化和细化出发，按警用装备管理流程的各个阶段进行独立的管理。分散性是指将独立性的装备进行独立管理，利于根据不同类型的装备设计不同的管理方式。统一性是指根据警用装备管理的最终目标，使阶段性管理与分散性管理能够协调一致，发挥最大的效能。由于警用装备的种类繁多，各项装备间的性能、用途差异很大，因此根据装备管理的不同阶段，针对不同类型的装备进行统一管理，是警用装备管理的又一重要原则。

4. 优化、共享与冗余的原则

提高装备使用效率，是警用装备管理的根本目标。为此，应及时对警用装备资源进行优化与共享配置。但并不是所有的警用装备都要实现优化与共享，有些装备需要保留适当

的富余,这就是冗余。例如,警用武器和非致命性武器等装备需要有一定量的库存,尽管这些装备很少使用,甚至将来使用的可能性也不大,但这些装备的冗余能够提高执法机关处置突发事件、群体性事件和恐怖事件的能力。因此,在警用装备管理工作中,要分清哪些装备适用优化与共享的原则,哪些装备适用冗余的原则。

5. 社会化保障与自主研发相结合的原则

社会化保障是指借助市场经济机制,将警用通用装备的需求推向社会,择优配备。自主研发是指执法机关根据自身条件,自主研发符合执法工作需要的装备项目,以保障警用装备的特殊需求。社会化商品通用性强、种类多,比自主研发的成本低、周期短,能够满足警用装备的大部分需求;而自主研发的装备恰恰相反,是社会市场没有或是不能很好满足的装备。在装备管理工作中,要把握好哪些装备需求适宜通过社会化的采购来保障,哪些装备需求适宜通过自主研发或引进技术来加以保障,并把两者结合起来,全面满足装备需求。

6. 装备准入的原则

警用装备的准入,是执法机关根据工作和警用装备发展的需要,组织专门技术力量对列入警用装备的器材、设备进行科学的技术论证和鉴定,提出准入的技术指标和规范,以确保警用装备的质量和适用性。警用装备的准入机制应实行从上到下的方法。

7. 前期论证的原则

前期论证主要是指对执法机关列装配备的装备要进行科学规范的技术论证。警用装备的技术论证应抓好三个环节:一是要坚持先论证后建设(购置)、不论证不建设(购置)的原则。在财力有限的情况下,要集中力量进行一些重点项目的建设,确保建设(购置)的装备能充分发挥效益。二是要坚持科学论证,重视协调组织,要充分发挥技术部门的作用。新装备要首先由技术部门了解情况,保证技术论证的科学性和可靠性。三是要建立使用单位反馈意见的工作机制。坚持以人为本,着重解决装备建设(购置)的可靠性和适用性问题。

学习任务三 特种警用装备

学 习 目 标

1. 了解警用武器、警用械具、警用防护装备。
2. 掌握警戒具与武器使用的原则与要求。

【学习项目一】 警用武器

警用武器主要是指已在执法机关列装的用于警察有效制服犯罪行为的武器。按照对人体的伤害程度,警用武器可分为制式警用武器和非致命性警用武器两大类。

一、制式警用武器

制式警用武器是指警察使用的具有足够的射击精度、适当的侵彻力和良好的停止作用的可致人伤亡的武器。主要有手枪、冲锋枪、步枪、机枪以及配套的枪弹。

1. 手枪

手枪是指单手发射的短枪,主要用于近战和自身防卫。按其用途可分为自卫手枪、战斗手枪(包括大威力手枪和冲锋手枪)和特种手枪(包括微声手枪和各种隐形手枪)。按其结构可分为自动手枪、转轮手枪和非自动手枪等。我国公安机关列装的有54式7.62 mm和QSZ92式9 mm自动手枪,64式和77式7.62 mm自动手枪。

2. 冲锋枪

冲锋枪是一种短枪管、发射手枪弹的抵肩或手持射击的自动武器。冲锋枪具有火力猛烈、使用灵活、携带方便等特点,是一种经济适用的单人近战武器,被各国警方主要用于处置恶性突发事件和群体性暴力犯罪。

3. 步枪

步枪是单兵肩射的长管枪械,主要用于攻击暴露的有生目标,多数配有枪刺,可进行格斗。按自动化程度可分为非自动、半自动和全自动三种;按用途可分为普通步枪、突击步枪(又称自动步枪)、骑枪(短步枪、卡宾枪)和狙击步枪。

4. 机枪

机枪是利用部分火药气体的压力推动机件使之连续发射,并由枪架、脚架、枪座等组成的自动枪械。按结构特点可分为轻机枪、重机枪(国外通常称为中型机枪)、通用机枪(亦称两用机枪)、大口径机枪等;按装备对象可分为地面机枪(含高射机枪)、车载机枪(含坦克机枪)、航空机枪和舰载机枪等。

5. 枪弹

从枪管内发射的弹药，统称枪弹，又称子弹。枪弹可分为手枪弹、步(机)枪弹、大口径机枪弹和防暴枪弹等。

二、非致命性警用武器

非致命性警用武器是指警察使用的、可以最大限度减少人员死亡和永久性伤害的武器。非致命性警用武器是以声学(生物效应)、化学(催泪剂引起生化效应)、电气(电击装置和电击射弹)、动能射弹(豆包弹和环翼弹)等原理，作用于打击目标的发(抛)射装置和弹药系列。非致命性警用武器的主要目的是最大限度地降低警察、犯罪嫌疑人和公众的伤亡风险；减少针对警察和监管机关的民事和刑事责任诉讼。应当注意的是，非致命性警用武器的非致命性程度受诸多客观条件制约，违规使用或被击人的身体耐受力较差等，也可能产生致命的结果。

1. 防暴枪

防暴枪是警察和护卫人员(银行金融系统)广泛使用的武器。防暴枪发射霰弹、催泪弹、爆震弹等低杀伤性弹药，主要用以驱散骚乱人群、制服暴力犯罪分子或杀伤近距离目标。由于这些特点，防暴枪一直是世界各国警察使用的主要防暴武器。

2. 信号枪

信号枪是辅助性的通信器材，主要用于夜间战场小范围的传递信号及照明观察。信号枪可帮助指挥员针对情况做出正确判断。此外，信号枪还可用于和平目的，如海上营救，沙漠中搜索、营救等。

【学习项目二】 警用械具和防护装备

一、警用械具

警用械具(简称警械)，是指警察为依法履行职责而装备使用的警示、警告、自卫、防护、抵御非法袭击，以及制服、制止、约束罪犯或犯罪嫌疑人的械具。

1. 自卫制服性警械

自卫制服性警械主要有警棍、强光手电、催泪(染色)喷射器、抓捕网等。

2. 约束性警械

约束性警械是用来约束或限制犯罪行动的械具，主要包括手铐、脚镣、约束带、警绳等。

3. 失能性警械

失能性警械主要包括电击器、激光炫目器、次声波干扰器等。

4. 警示警戒性警械

警示警戒性警械主要包括警笛、警灯、警报器和警戒带等。

二、警用防护装备

警用防护装备是指警察处理各种违法犯罪活动,特别是发生群体性骚乱、暴乱事件和其他突发事件时,能够快速、有效地保护自身不受伤害的装备。警员个人防护装备主要包括防暴装备、防弹装备、防刺防割装备、三防装备等。

1.防暴装备

防暴装备主要包括防暴头盔、防暴服和防暴盾牌。

(1)防暴头盔。

防暴头盔主要用于保护头部、防暴力击打。

(2)防暴服。

防暴服能有效抵抗各种利器、棍棒、非爆炸性投掷物,并且具有阻燃功能。

(3)防暴盾牌。

防暴盾牌是用于执行防暴任务时,防护、抵御外部伤害性打击的板式装具。

2.防弹装备

防弹装备主要包括防弹头盔、防弹衣和防弹盾牌。

(1)防弹头盔。

防弹头盔是用于防护枪弹或破片对人体头部伤害的护具。有的头盔还增加了防护面部的面罩,也就是防弹面罩。

(2)防弹衣。

防弹衣是用于防护枪弹或破片对人体伤害的护具。防弹衣主要由衣套和防弹层两部分组成,除了具有防护前胸与后背的功能,还可以对颈部与骨盆起防护作用。

(3)防弹盾牌。

防弹盾牌是用于阻止枪弹或破片穿透,保护人体的板式护具。

3.防刺防割装备

(1)防刺服。

防刺服是能有效防护匕首等常见锐器攻击,并对人体起主要防护作用的护具。

(2)防割手套。

防割手套外形与普通手套相仿,是使用特殊材料制成的,能有效防止刀具的割、切、划,使警察在与持刀或其他利器的歹徒的搏斗中有效保护手部不被割伤。

4.三防装备

(1)防毒防化防核装备。

防毒防化防核装备,是能保障作业人员短期进入受生物、化学和核武器攻击、破坏或污染的空间内进行现场处置的防护装备。

(2)防护隔离装备。

防护隔离装备,是能有效隔离和防止空气中的病毒或微生物病菌对人体侵害的护具,是大规模突发传染性疾病处置和控制中至关重要、必不可缺的装备。

【学习项目三】 警戒具与武器使用的原则与要求

一、使用原则

警戒具与武器是监狱人民警察在处理监狱突发事件和暴力事件中所使用的专用工具。警戒具与武器使用不当会对人体造成伤害，甚至触犯法律，使用者要承担相应的责任。涉及警戒具与武器使用的相关法律法规有《中华人民共和国监狱法》《中华人民共和国人民警察法》《中华人民共和国人民警察使用警械和武器条例》《监狱人民警察单警装备使用管理办法》《司法行政机关公务用枪管理规定》。因此，监所警察在使用警戒具与武器的过程中，必须遵循以下原则。

(一)依法使用原则

《中华人民共和国人民警察使用警械和武器条例》第五条第二款规定："人民警察不得违反本条例的规定使用警械和武器。"监所警察使用警戒具和武器制止违法犯罪行为，必须在法律法规规定的范围内使用，在法律法规规定之外，不得使用警戒具和武器，更不得使用警戒具和武器从事非警务活动。

监所警察使用警戒具和武器的根本出发点是及时有效地制止罪犯的违法犯罪活动，而不是以伤害或者剥夺罪犯的生命健康为目的，因此，即使是依法使用警戒具和武器时，也要注意尽可能减少人员伤亡和对公私财产的损坏。另外，监狱应根据实际情形，严格按法律、法规配备和使用警戒具与武器，积极开展警戒具与武器使用的法制教育，建立依法使用警戒具与武器的理念和程序意识，规范使用行为，杜绝滥用现象。

(二)程序使用原则

监所警察使用警戒具与武器制止违法犯罪行为，必须按规定的程序进行。规范的操作程序是监所警察使用警戒具与武器的行动准则，也是评价监所警察是否依法使用警戒具与武器的标准。

首先，判明情况。监所警察使用警戒具与武器须判明情况。如对预估有逃跑迹象、行凶或有现行破坏活动的罪犯，应根据情形，先向上级有关部门请示，获得批准后方可使用。在紧急情况下，可先加戴戒具，事后必须马上报告，按程序补办审批手续。

其次，在使用前先警告。警告是指使用警戒具与武器之前，告诫违法罪犯，促使其注意和警惕的一种行政强制措施。警告可以采用语言警告或其他形式，如警笛、警报器、警灯、电击火花、鸣枪等。

在使用警告语时要语气坚决、威慑有力、语言清晰、表述准确、内容简明、重点突出。

常用警告语有"站住，不许动！举起手来。""×××，放下凶器！""别靠近，否则使用警棍。""别跑，我要开枪了。""蹲下，双手抱头。""出来！你已经被包围了"等。

再次，使用警戒具与武器时，一般先选择使用警戒具，当警戒具不足以制止犯罪行为时再依法使用武器；也可以根据罪犯违法行为的暴力程度，直接选择使用武器。攻击部位的选择是从非要害部位到要害部位。

最后，使用警戒具与武器后，要保护现场，抢救伤员（包括无关人员和犯罪分子），要向相关部门报告，以便及时勘查、取证。造成人员伤亡的应及时通知其家属或单位；使用后特别是未经请示在紧急情况下使用警戒具与武器的，应向上级书面报告情况，按程序接受调查。

(三)比例使用原则

比例使用原则也称禁止过度使用原则，指监所警察在使用警戒具与武器时要准确判断，体现妥当性、必要性、法益相称性。如果有多种措施可采用，应当选择对犯罪行为人权益侵害最小的措施，如使用警棍击打，一般选择击打罪犯手臂和大小腿肌肉群，而不击打头部、颈部、内脏等要害部位。例如，罪犯用拳头袭击监所警察，监所警察可用警棍格挡和击打其手臂部位，再根据其暴力程度选择击打要害部位。

(四)安全使用原则

监所警察使用警戒具与武器是为了维护监狱安全和秩序，保障自身安全，保证国家刑罚的顺利实施。因此，安全使用警戒具与武器尤为重要。

首先，要树立安全意识，做到警钟长鸣，对配备的警戒具与武器要进行日常的检查、维护与保养，平时训练和使用要养成良好的使用习惯。

其次，在执法过程中要注意安全防范，现场的警戒意识、距离、掩体都是处置事件过程中重要的安全要素。

最后，要有密切配合的意识，在监管的执法现场，要分工明确、职责到位，要体现团队力量，保护自己和队友的安全。

二、使用要求

正确使用警戒具与武器既是监所警察的职业需要，也是国家强制力依法实施的重要保证。在具体的使用过程中，要求掌握相应的知识、技术、技能。

(一)要有专业的法律知识

专业的法律知识是监所警察准确使用警戒具与武器的基础。要熟记警戒具与武器使用的法律依据和条件，在实践中不盲用、不错用，在暴力事件和突发事件的执法现场，能依据法律相关条款准确使用警戒具与武器，利用法律条款解释使用程序和书写使用报告。

(二)要有职业的使用常识

职业的使用常识是监所警察准确使用警戒具与武器的保证。警戒具与武器是监所警察职业工作中必不可少的工具。监所警察不但要掌握其使用的条件，更要熟悉其性能、规格、种类、维护、保养等使用常识。

(三)要有熟练的基本技术和应用技能

熟练的基本技术和应用技能是监所警察准确使用警戒具与武器的关键。基本技术和应用技能的掌握程度将直接影响事件的处置结果，不仅能体现监所警察的威严，震慑服刑人员，使其不敢轻举妄动，更能保证监管秩序和监管安全。

(四)要接受有效的教学与训练

教学与训练是监狱人民警察获得警戒具与武器使用知识与技能的根本途径。基层监狱人民警察缺什么、学什么、练什么、怎么练、怎么用等实际问题的解决，需要通过各种教学与训练来实现(图1-3-1)。

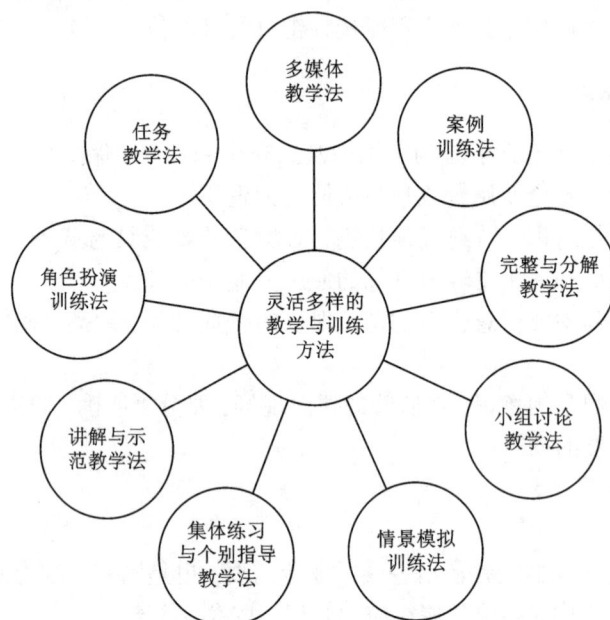

图1-3-1　监所警用装备规范化使用的教学与训练方法

学习模块二 制服性、驱逐性警用装备

学习任务一 警棍的应用技术

学习目标

1. 了解警棍的基本常识。
2. 掌握警棍的基本操作。
3. 掌握警棍的基本技术。
4. 培养依法、准确、安全、有效使用警械的能力与素质。

【学习项目一】 伸缩警棍的基本常识

伸缩警棍是依据司法部《监狱人民警察单警装备使用管理办法》配备使用的，属于必配装备，其列装的目的是使监所警察能够更有效地进行自我防护、制服违法犯罪人员、制止违法犯罪行为或对相关人员进行驱散，适用情形见本书附录中《监狱人民警察单警装备使用管理办法》第三章第六条。它的主要特点是可伸缩，便于携带；棍身为金属材质，杀伤力大；技法丰富、实用性强，在单警装备中伸缩警棍的武力使用等级仅次于武器。实战中既可以用温和的武力手段擒锁关节、压迫骨骼及动脉等人体薄弱部位，也可以用强硬的武力手段击打人体的运动神经与要害部位。

一、结构

伸缩警棍由握柄、后管、中管、前管、球头、尾盖及卡簧等部件组成。握柄为橡胶材质，具有防滑功能。后管、中管、前管采用的是精轧无缝钢管，并通过两个伸缩锁来实现警棍的打开或收回，即利用警棍各节之间相同的锥度而产生的摩擦力使警棍具有打开并收回的功能(图 2-1-1)。

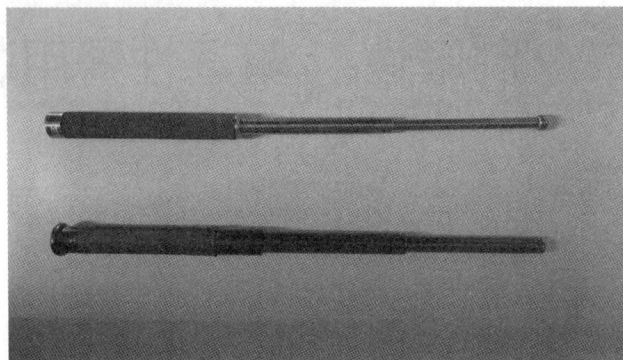

图 2-1-1　伸缩警棍

二、保养

(1)每次使用后用干净的软布进行擦拭。

(2)当沾上海水或有腐蚀性液体时，应注意及时用清水擦拭，保持棍身洁净。

(3)应储存在通风、干燥的地方，远离化学品及腐蚀性气体，长期不用时须涂防锈油。

(4)应经常对警棍进行清洁，确保使用顺畅。

【学习项目二】 伸缩警棍的基本操作

一、检查

(1)检查外观是否有破裂及生锈。

(2)在确定安全的空间后，适度用力将中管和前管甩出，检查各节管连接处和球头，确认其连接卡锁牢固。

(3)将警棍的中管、前管收回，检查磁力端座及卡位螺丝，确认其卡锁牢固。

(4)使用伸缩警棍前，必须检查伸缩警棍球头、尾盖是否拧紧，防止使用时球头、尾盖滑脱。

二、佩带与出棍

伸缩警棍的佩带，必须从实战需求出发，以保证临战时能够在最短的时间内将警棍从棍套内取出，进入持棍戒备状态或可直接予以迎击。目前，伸缩警棍的棍套主要分为可旋转式和固定式两类，警棍佩带的部位、出棍方式与所配棍套的种类息息相关。

(一)可旋转式棍套

这类棍套一般都可 360°旋转，既可竖直向上出棍，也可横向出棍，是较先进的棍套

（图2-1-2）。从更加实用的角度出发，建议将警棍佩带在弱手一侧。出棍时，弱手抓握棍套下端并上提，将棍套横置于腹前的同时，右手抓握棍柄并迅速向右侧抽出警棍。这样的出棍角度，便像古代从腰间横向拔出刀剑一样，既能做到出棍与持握一步到位，在紧急状态下又可直接进行快速迎击，具有很强的实用性。

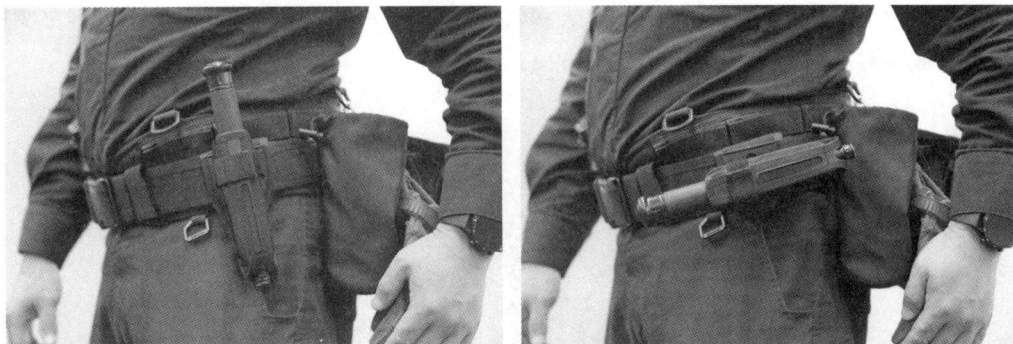

图 2-1-2　可旋转式棍套

（二）固定式棍套

目前，我国单警装备中配备的棍套为固定式，这类棍套固定在腰带之上不可旋转，只能竖直向上拔出警棍。由于出棍角度的限制，配备这类棍套时，建议将伸缩警棍佩带在强手一侧，出棍时左手固定棍套，右手抓握棍柄并上提便可快速拔出警棍。与横向出棍一样，同样能够做到出棍与持握一步到位，并可在紧急情况下直接进行快速迎击。

三、握棍

（一）握棍的技术原理

警棍正确的持握方法是使用警棍进行攻防实战的关键，握棍的要求是既要保持握棍的稳固性，又要具有充分的灵活性。对握棍方法的掌握和灵活运用是在实战中发挥警棍实战技术威力的重要保证。我们知道虎口处于拇指和食指之间，持握警棍时食指、拇指与虎口闭合产生的握力较大，在技术动作的转换瞬间可只以虎口的合力来控制棍柄。因此，合理的持握方法是以食指和拇指为主要用力手指，其他手指为辅助用力手指。这种持握方法在实战中能有效保证警棍在稳固与灵活之间交互转换。另外，从技术角度出发，可将握棍的手法归纳为满把握和两指握两种。满把握法是在基本握法的基础上其他手指合力紧握棍柄，这种握棍手法应用于反握棍、戒备式、截击、棍柄攻击、防守架挡、交叉绞锁控制，以及劈击、点击的一瞬间，主要目的是保证握棍的稳固性。两指握法以食指、拇指与虎口形成合围，其他手指略松，是在平扫撩击、正反手舞花以及加速助力、技法间灵活转换时使用，主要目的是保证进攻角度的灵活性。

（二）握棍方法

持握警棍的位置应为握柄的中间部位（距离警棍末端 2~3 指宽度的位置），适度用力将警棍握于手掌内。

1. 正手握棍

正手握棍是最常用的握棍方法。绝大多数进攻与防守的技法都是通过正手握棍来完成的。正手握棍时虎口与棍头方向一致（图 2-1-3）。

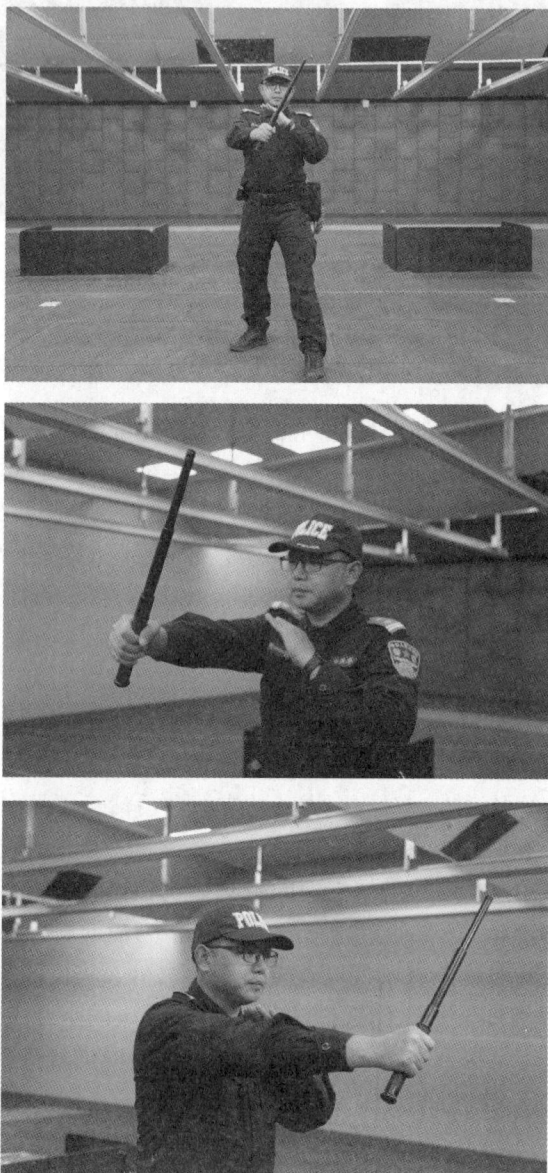

图 2-1-3　正手握棍

2.反手握棍

反手握棍主要用于锁压技术,可以作为警棍实用技术的补充。反手握棍时虎口与尾盖方向一致(图2-1-4)。

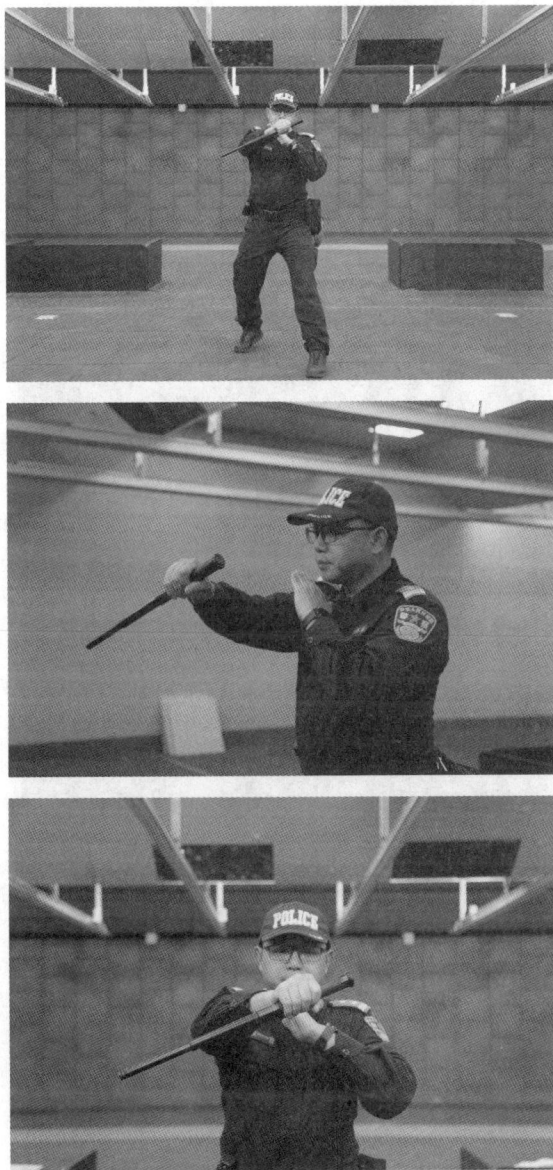

图2-1-4　反手握棍

四、开棍

开棍是利用惯性将伸缩警棍的中管和前管甩出,靠圆锥面的各节钢管接口之间的摩擦力锁定棍身。因此,开棍时应尽量用力甩出,以保证棍身锁定的牢固性(以截击不解锁为宜)。以下开棍方法以配备固定式棍套、警棍佩带在弱手一侧为例。

（一）上开棍

【动作要领】目视罪犯，快速取棍，大臂带动小臂向斜上方挥动，利用惯性将警棍打开（图2-1-5、视频2-1-1）。

视频2-1-1

【动作要求】屈肘上抬，用力甩出，握棍要稳。

【实战应用】上开棍意在威慑、示警，目的是让罪犯清楚地看到警棍，给其心理施加压力。

【训练实施】在教官的组织下，结合语言控制，集体练习、流水作业。

图2-1-5　上开棍

（二）下开棍

【动作要领】目视罪犯，快速取棍，大臂带动小臂向斜下方挥动，利用惯性将警棍打开（图2-1-6、视频2-1-2）。

视频2-1-2

【动作要求】向下用力甩出，握棍要稳。

【实战应用】下开棍意在隐蔽快捷，目的是隐蔽出棍并快速形成戒备。

【训练实施】在教官的组织下，结合语言控制，集体练习、流水作业。

图2-1-6 下开棍

(三)紧急开棍

在罪犯突然近身实施攻击的紧急情况下,可快速取出警棍向罪犯用力挥出,打开警棍的同时即可阻止对方近身或迎击对方。

1. 下劈出棍

【动作要领】左手固定棍套,右手向上将警棍拔出;手臂略上提,握棍由上向下用力甩出,劈击的同时打开警棍(图 2-1-7、视频 2-1-3)。

【实战应用】打开警棍的同时,劈击对方上肢或下肢。

视频 2-1-3

图 2-1-7 下劈出棍

2.横扫出棍

【动作要领】左手固定棍套，右手向上将警棍拔出；手臂略上提，持棍由右向左用力甩出，扫击的同时打开警棍(图2-1-8、视频2-1-4)。

【动作要求】出棍迅速，甩击时握棍要牢固，以防警棍脱手。

【实战应用】打开警棍的同时，劈击对方上肢或下肢。

视频2-1-4

图2-1-8 横扫出棍

23

五、收棍

收棍是通过震动使警棍的锁定松脱，自然收回。收棍时的错误动作是用整个手掌抓握棍柄，使用蛮力向下撞击。这样一方面会由于握得过紧使震动减轻而无法顺利解锁，另一方面，采取这种方式不但费力，而且还容易使棍端损伤，缩短警棍使用寿命。

【动作要领】身体下蹲，保持观察戒备，弱手自然置于体前或放在前膝盖上，以强手拇指、食指和中指合力轻握警棍棍柄上端，使警棍自然垂直于坚硬地面；距地面一定高度处（不必太高，十几厘米即可）向下轻磕数次，棍端与地面撞击产生的震动即可令锁定松脱，完成收棍动作，随后用拇指按平球头，将警棍放回棍套（图2-1-9）。

【实战应用】有潜在危险时，收棍时仍要保持警戒，目视前方。

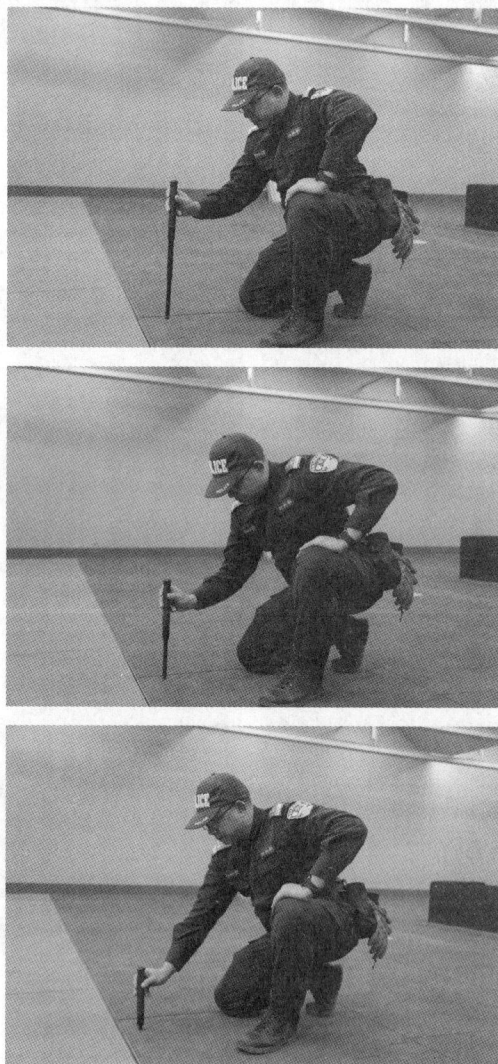

图2-1-9 收棍

【学习项目三】 警棍的基本技术

一、持棍戒备

（一）左势持棍戒备

1.肩上持棍戒备

【动作要领】开棍后，左脚在前，右脚在后，侧身站立，膝关节微屈，强手正握警棍。棍头向后，棍尾指向目标，将警棍置于肩上；弱手成掌提至胸前戒备，大小臂夹角约90°，目视目标（图2-1-10、视频2-1-5）。

视频2-1-5

【动作要求】左手护于中线，持棍手臂肌肉不宜过紧，保持适度放松状态，便于击打时具有更大的爆发力。

【实战应用】此戒备式便于直接运用正手的点、扫、劈等击打技术进行主动进攻。同时由于手臂上抬，有助于加大运用以上技术时手臂的挥击幅度，提高击打力度。但运用反手进攻及戳击、截挡等技术时，需有一个调整姿势的过程，会影响此类技术的攻防速度，有一定局限性。

【训练实施】在教官组织下，结合语言控制，集体练习、流水作业。（下同）

图2-1-10　左势持棍戒备

2. 胸前持棍戒备

【动作要领】开棍后，左脚在前，右脚在后，侧身站立，膝关节微屈，目视目标，强手正握警棍。棍头向左上倾斜45°，将警棍置于右胸前，持棍手臂屈肘护肋；弱手成掌提至胸前戒备（图2-1-11、视频2-1-6）。

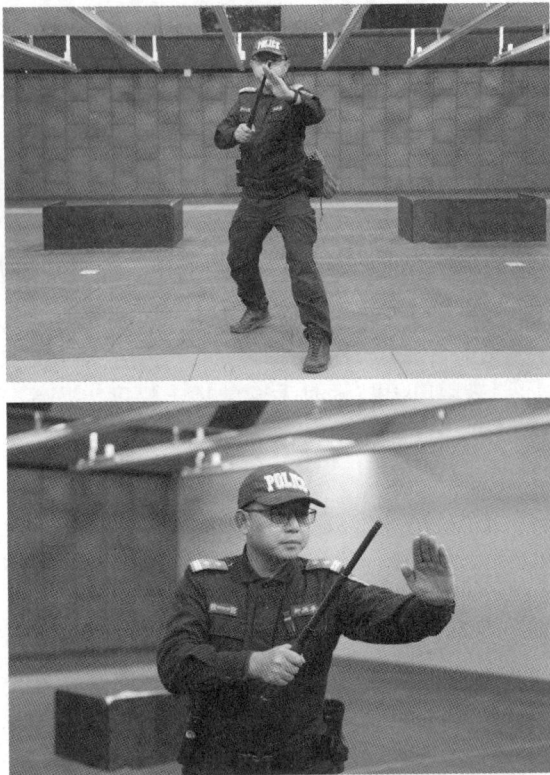

视频2-1-6

图 2-1-11　胸前持棍戒备

【动作要求】双手护于中线，持棍手臂肌肉不宜过紧，保持适度放松状态，便于击打时具有更大的爆发力。

【实战应用】此戒备式有别于目前常用的肩上持棍戒备，是一种攻守兼备、非常实用的戒备姿势，既有利于运用正手及反手的劈、点、扫等击打技术展开进攻，同时不需要过大地调整动作便可直接戳击、截挡防守和近身锁压控制。

（二）右势持棍戒备

如运用伸缩警棍对持械尤其是持锋刃武器的罪犯进行防卫控制时，建议采用右势持棍戒备。其原理是持棍手一侧的脚在前攻防时可以更加充分侧身，延长击打距离，既能击中对方又可与其保持相对较远的距离，以防近身时对方伺机反扑。

1.肩上持棍戒备

【动作要领】开棍后，右脚在前，左脚在后，侧身站立，膝关节微屈，强手正握警棍。棍头向后，棍尾指向目标，将警棍置于肩上；弱手成掌提至胸前戒备，大小臂夹角约90°，目视目标(图2-1-12、视频2-1-7)。

视频2-1-7

【动作要求】同左势肩上持棍戒备。

【实战应用】同左势肩上持棍戒备。

图2-1-12　肩上持棍戒备

2.胸前持棍戒备

【动作要领】开棍后，右脚在前，左脚在后，侧身站立，膝关节微屈，目视目标，强手正握警棍，手臂略弯。棍头斜向左上45°，将警棍置于胸前位置；弱手成掌提至胸前戒备，大小臂夹角约90°(图2-1-13、视频2-1-8)。

视频2-1-8

【动作要求】同左势胸前持棍戒备。

【实战应用】同左势胸前持棍戒备。此戒备式具备攻守兼备的特点。

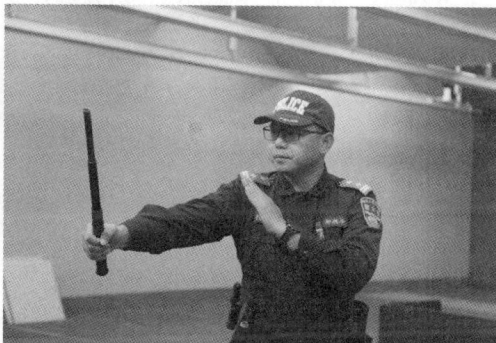

图2-1-13　胸前持棍戒备

二、警棍截挡技术

在防御持械攻击时，截挡主要用于格挡凶器。在应对徒手攻击时，截挡可用于迎击对方的骨骼、关节等薄弱部位，起到防中寓攻的实战效果。截挡最大的优点在于，技术外在表现形式处于守势，能够以逸待劳做出相应反应。面对暴力反抗、袭警行为时，警察运用截挡既可稳固防守、有效防卫，又能适度打击，起到震慑作用。

（一）外门左上方位

【动作要领】左势（或右势）持棍戒备，目视罪犯；双手持棍，右手在上，左手在下，向左上方位用力推出（图2-1-14）。

图2-1-14 外门左上方位截挡

【动作要求】准确判断方位，寸劲发力，根据情况控制力度。

【实战应用】罪犯向下劈拳攻击警察头部，或直拳攻击警察面部时，警察双手合力截击其小臂，令其疼痛难忍，而放弃攻击或失去反抗能力（视频2-1-9）。

【训练实施】在教官组织下两人一组对抗练习，力量要小，动作要慢，动作熟练以后提高心率进行压力训练。（下同）

（二）外门左中方位

【动作要领】左势（或右势）持棍戒备，目视罪犯；双手持棍，左手在上，右手在下，向左中方位用力推出（图2-1-15）。

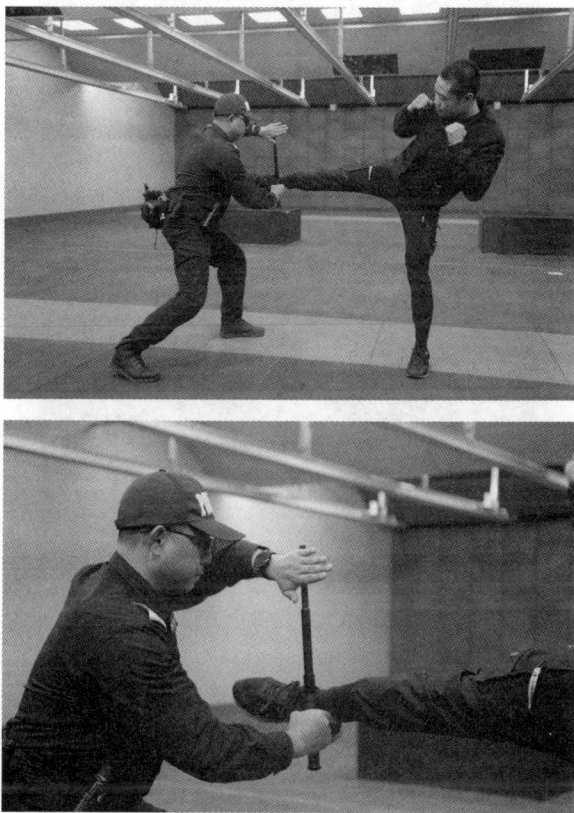

图2-1-15　外门左中方位截挡

【动作要求】准确判断方位，寸劲发力，根据情况控制力度。

【实战应用】罪犯右腿横踢警察腰部，警察双手合力截击其小腿胫骨，令其疼痛难忍，而放弃攻击或失去反抗能力（视频2-1-10）。

(三)内门中下方位

【动作要领】左势(或右势)持棍戒备,目视罪犯;双手持棍向中下方位用力推出(图2-1-16)。

【动作要求】准确判断方位,寸劲发力,根据情况控制力度。

【实战应用】罪犯前踢警察裆部时,警察双手合力截击其小腿胫骨,令其疼痛难忍,而放弃攻击或失去反抗能力(视频2-1-11)。

视频2-1-11

图2-1-16 内门中下方位截挡

三、警棍攻击技术

由于伸缩警棍主体为金属材质,运用警棍攻击技术对人体的杀伤力较大,如以棍身或棍把击打对方运动神经或要害部位,可使其疼痛难忍,暂时失去行动能力和反抗能力。在实战中合理、适度地运用警棍攻击技术,能起到有效的致痛、滞停、制服作用,但如击打力度、击打部位控制不当,则会对人体造成残疾、死亡的严重后果。因此,熟知常用的安全击打部位是合理有效运用警棍攻击技术的前提。在实战中,只有在特殊情况下,如面对武力强大的罪犯或警察生命受到严重威胁时,才可以考虑击打对方关节、头部、肋部、裆部等要害部位。在面对常规攻击时,监所警察运用警棍应主要以击打人体的四肢部位的运动神经为主。击打这些肌肉组织内的运动神经,只会产生暂时性痛楚而不会造成永久损伤。人体四肢可击打的部位及运动神经主要有:上肢的桡神经、尺神经、正中神经,大腿内外侧的股骨神经，小腿的腓总神经、胫神经。这些部位的肌肉上布满运动神经末梢，被击打后可导致人体失去行动能力 30 秒至数分钟，潜在的损伤只局限于淤血或浮肿。

在实战中，对不同部位的击打，应运用与其生理结构特点相对应的击打手法，以保证击打的有效性与适度性。以下警棍攻击技术以右手持棍为例。

(一)扫棍

扫棍可以驱逐对方，也可阻挡对方迫近自己。进攻与反击时可以横向扫击对方持握的凶器或者是持凶器的手腕，致使其凶器脱手。扫击的力度不容易控制，但其攻击的连续性很强，往往能起到出其不意的攻击效果。

1. 正手扫棍

【动作要领】左势(或右势)持棍戒备，目视罪犯，大臂带动小臂，由右向左横向扫击(图 2-1-17)。

【动作要求】转体发力，握棍要稳。

【实战应用】罪犯持短棍威胁，警察语言警告无效时，突然正手扫击罪犯凶器或持凶器手腕，将凶器打掉(视频 2-1-12)；对方徒手或持械不断迫近时，警察突然左前上步，重心下沉，正手扫击其小腿，令其疼痛而失去反抗能力。

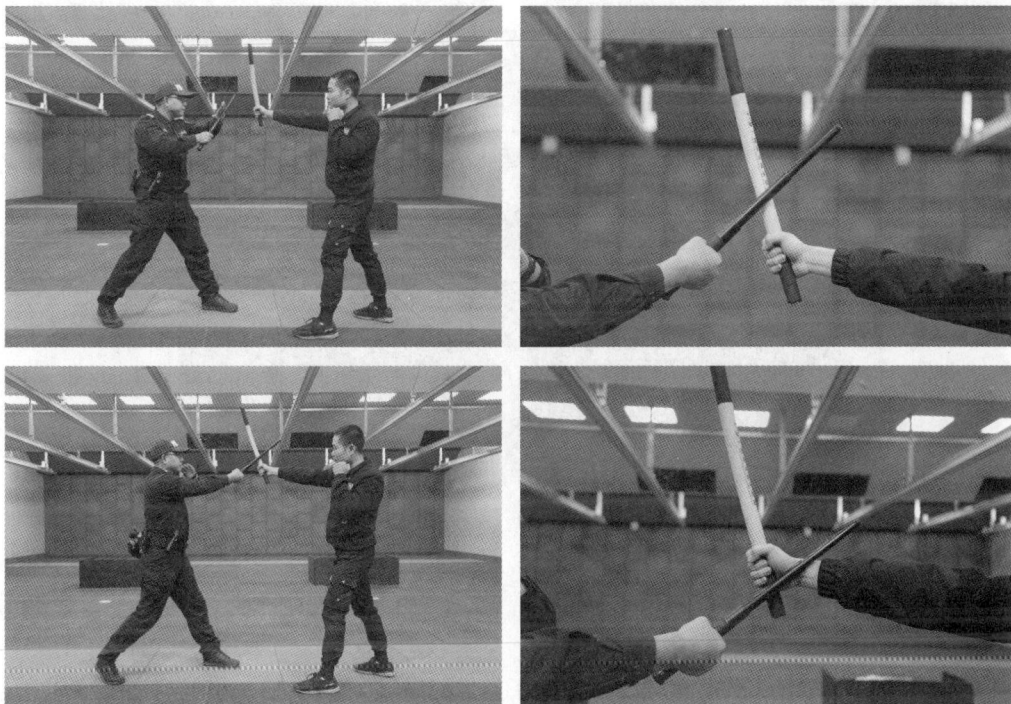

视频2-1-12

图 2-1-17　正手扫棍

2. 反手扫棍

【动作要领】左势(或右势)持棍戒备，目视罪犯，大臂带动小臂，由左向右横向扫击；之后迅速恢复成戒备姿势(图2-1-18)。

【动作要求】转体发力，握棍要稳。

【实战应用】罪犯持短棍威胁，警察语言警告无效时，突然反手扫击罪犯凶器或持凶器手腕，将凶器打掉(视频2-1-13)；对方徒手或持械不断迫近时，警察突然右前上步，重心下沉，反手扫击其小腿，令其疼痛而失去反抗能力。

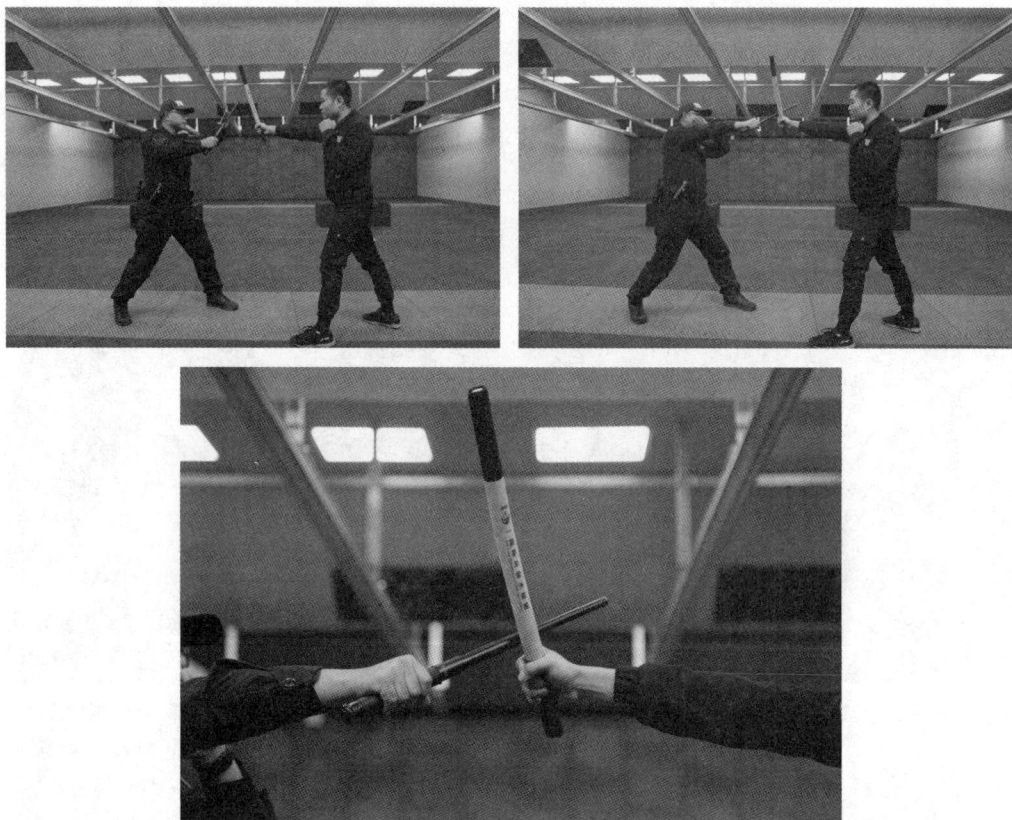

视频2-1-13

图2-1-18 反手扫棍

(二)劈棍

劈棍主要用于迎击棍棒、斧子、长刀的下劈，或攻击对方下肢。劈棍往往需要以全力击打，一是由于对方下劈之力很大，警察需要同样以大力迎击才能防住对方的攻击；二是由于人体下肢较粗壮，除非击打关节，否则需要较大的力量才能给对方造成足够的打击，使其失去反抗能力。

【**动作要领**】左势(或右势)持棍戒备，目视罪犯，右脚斜前上步，同时大臂带动小臂，由右向左斜下劈击(图2-1-19)。

【**动作要求**】闪至外门，转体发力，握棍要牢固。

【**实战应用**】罪犯徒手或持械不断迫近时，警察突然右前上步正手劈击其大腿外侧，令其疼痛而失去反抗能力(视频2-1-14)。

视频2-1-14

图2-1-19　劈棍

(三)撩棍

撩棍主要用来迎击棍棒、锋刃武器的下劈,或直接击打对方持械的手臂。由于撩棍攻击的方位和角度特殊,往往能够出其不意。

【动作要领】左势(或右势)持棍戒备,右手持棍由下向上反手撩击,之后恢复成戒备姿势(图2-1-20)。

视频2-1-15

【动作要求】攻击时配合步法及身法,注意控制击打角度。

【实战应用】罪犯持棍下劈时,警察反手以撩棍迎击,挡开其进攻(视频2-1-15)。

图2-1-20 撩棍

(四)戳棍

戳棍主要用来攻击对方躯干部位。戳棍可以在距离对方较远时对其实施攻击,分单手戳棍和双手戳棍。运用此项技术出棍时需大力甩出,以保证攻击时棍身锁定牢固。

1. 单手戳棍

【动作要领】左势(或右势)持棍戒备,目视罪犯;棍头朝前用力戳击,左手格挡对方直拳,之后恢复成戒备姿势(图2-1-21)。

【动作要求】上步与戳棍同步,握棍牢固,腕部锁紧。

【实战应用】罪犯徒手迫近以直拳或持匕首直刺时,警察突然右前上步戳击其腹部,令其疼痛而失去反抗能力(视频2-1-16)。

视频2-1-16

图 2-1-21 单手戳棍

2. 双手戳棍

【**动作要领**】左势(或右势)持棍戒备,目视罪犯;左手抓握警棍第一节,双手合力向前用力戳击,之后恢复成戒备姿势(图2-1-22)。

【**动作要求**】上步与戳棍同步,握棍牢固,双手形成合力。

【**实战应用**】罪犯徒手不断迫近时,警察突然上左步戳击其腹部,令其疼痛而失去反抗能力(视频2-1-17)。

视频2-1-17

图 2-1-22 双手戳棍

(五)棍把攻击

棍把攻击作为辅助攻击技术,主要用来攻击对方肋部、腹部及四肢。一般在复合进攻近身时,对对方实施突然攻击。

1. 横击

【动作要领】左势(或右势)持棍戒备,目视罪犯;左手抓握警棍第一节,双手合力由右向左用棍把横击(图2-1-23)。

【动作要求】转体发力,力达棍端。

【实战应用】罪犯徒手不断迫近时,警察突然左前上步横击其肋部或四肢,令其疼痛而失去反抗能力(视频2-1-18)。

视频2-1-18

图 2-1-23 横击

2. 砸击

【动作要领】右手持棍，左势肩上戒备（或右势体前戒备），目视罪犯；右手持棍由上向下用棍把砸击(图 2-1-24)。

视频2-1-19

【动作要求】转体发力，力达棍端。

【实战应用】当抓住罪犯手臂或棍身后，用棍把砸击其上臂，令其疼痛或松手缴械而失去反抗能力(视频 2-1-19)。

图 2-1-24　砸击

3. 杵击

【动作要领】左势(或右势)持棍戒备，目视罪犯；右手持棍向前用棍把杵击(图 2-1-25)。

视频2-1-20

【动作要求】上步发力协调一致，力达棍端。

【实战应用】近身后，以棍把杵击罪犯肋部或腹部，令其疼痛而失去反抗能力(视频 2-1-20)。

图 2-1-25 杵击

四、警棍的锁控技术

警棍的锁控技术又可称为三角锁技术。其技术原理是利用棍身金属材质的硬度,通过抓握棍柄的强手臂与抓握棍身的弱手臂相交叉,与棍身形成三角区域,两臂合力收紧该区域以棍身锁压罪犯的关节、骨骼、颈动脉等人体薄弱部位,使其因局部产生强烈的压痛感而被迫放弃抵抗。此项技术的优点在于简单实用,武力使用等级低于警棍攻击技术,可在不猛烈击打罪犯的前提下,便能对其实施有效的约束和制服。使用警棍的锁控技术,既能迅速控制、制服罪犯,又可避免对其肢体与关节产生器质性的不可逆转的伤害,不会造成不必要的严重后果。

(一)基本手法

警棍的锁控技术通过插、抓、压三步完成,归纳起来基本手法为由左至右插入与由右至左插入两种,实战中可灵活掌握插入角度。常用于控制目标的颈部、上肢和小腿部位,使用时要做到快、准、狠。

1. 由左至右插入

【动作要领】警察持棍戒备，强手握棍，由左至右插入的同时，弱手抓握棍身中管，两臂略伸直；两臂回收至腹前并合力锁紧(图2-1-26)。

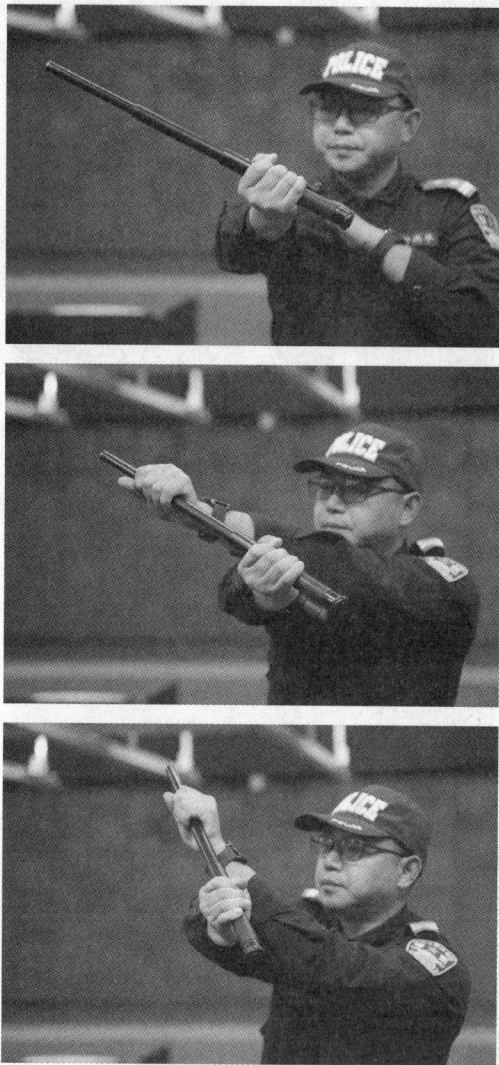

图2-1-26　由左至右插入

2. 由右至左插入

【动作要领】警察持棍戒备，强手握棍，由右至左插入的同时，弱手抓握棍身中管，两臂略伸直；两臂回收至腹前并合力锁紧。

(二)基本技术

1. 锁颈技术

颈部为人体的一级要害部位。锁颈技术主要以压迫颈部两侧颈动脉为主，除特殊危急情况，一般严禁运用警棍锁压罪犯咽喉部位。另外，要注意锁压时间不能过长，并密切观察罪犯反应及反抗力度的变化，以随时调整锁压的力度，避免用力过猛而造成过度伤害。控制的过程中，必须结合语言控制。

锁颈技术 1

【实战应用】罪犯立姿（或跪姿、坐姿），警察持警棍从其左前方接近，右手握棍迅速由左向右从其喉前穿过，将警棍置于其颈右侧动脉位置；同时左手迅速从其颈后方穿过并抓握住警棍中管，两手臂交叉与棍身形成三角区域，双手合力锁住其颈部；收紧手臂使棍身格压其颈侧，双手向下牵引并降低重心，同时语言控制："趴下。"将其控制到地面，持续语言控制："双手背到后面。"（图 2-1-27、视频 2-1-21）

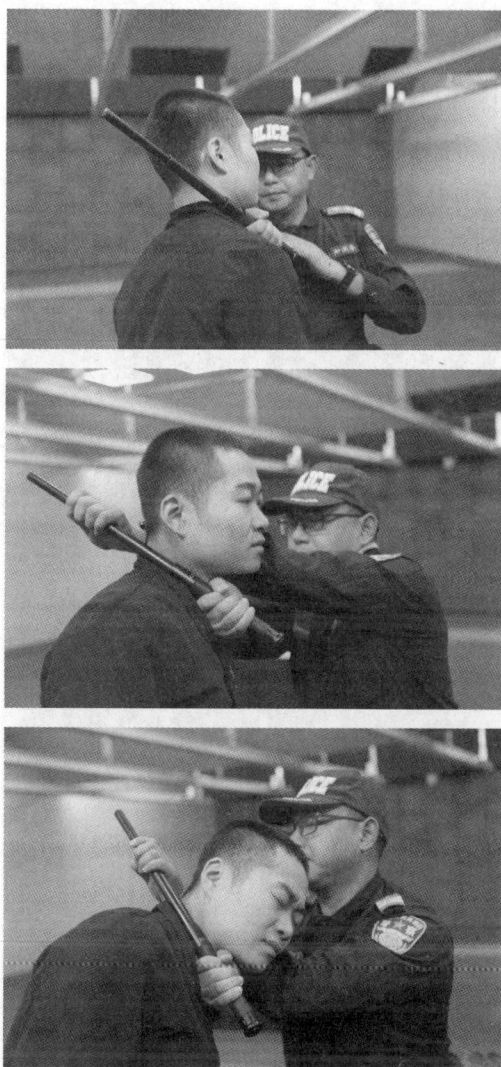

视频2-1-21

图 2-1-27　锁颈技术 1

【动作要领】由前接近，利用警棍锁压罪犯颈侧动脉部位，将其制服。

【动作要求】插、抓、压动作连贯，结合语言控制。

【训练实施】每次训练更换一个搭档，进行体验练习。（下同）

锁颈技术2

【实战应用】同锁颈技术1，方向相反（图2-1-28、视频2-1-22）。

【动作要领】同锁颈技术1，方向相反。

【动作要求】同锁颈技术1。

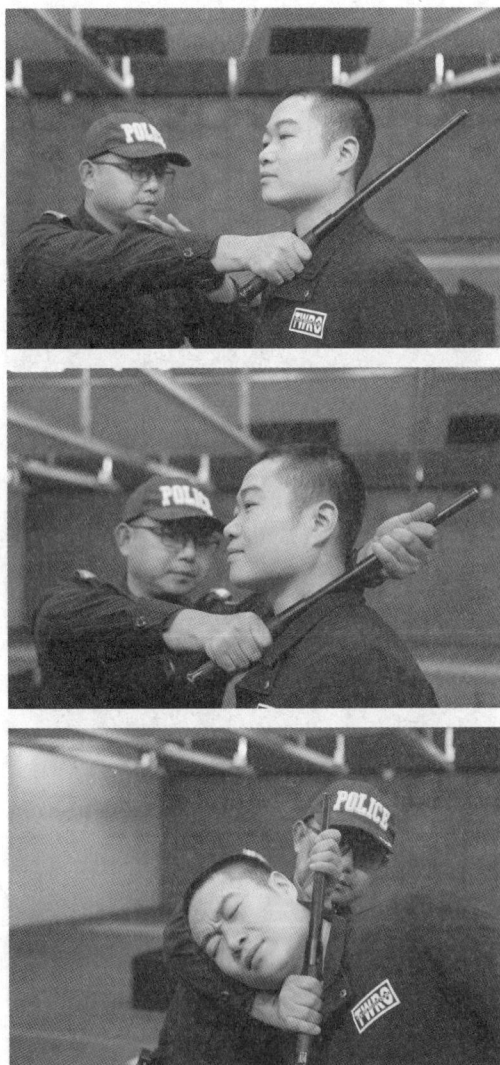

视频2-1-22

图2-1-28　锁颈技术2

2.别臂技术

别臂技术1

【实战应用】罪犯立姿(或坐姿),警察持警棍由其右前接近目标,右手持握警棍迅速由右向左从其左小臂内侧穿过,手腕尽量上挑令其肘部弯曲;同时左手迅速从其小臂前抓握住警棍中管,两小臂重叠,双手合力锁住其肘部;动作不停,迅速顺时针旋转,使棍身格压其肘部,并沿斜前方45°向下拖带,同时语言控制:"趴下。"将其控制到地面,跪颈折腕(图2-1-29、视频2-1-23)。

视频2-1-23

【动作要领】由前接近,利用警棍别压控制罪犯上肢,将其制服。

【动作要求】尽量向上挑击罪犯肘部,并及时锁紧别压,以防其手臂脱逃。

图2-1-29　别臂技术1

别臂技术 2

【实战应用】同别臂技术 1，方向相反。

【动作要领】同别臂技术 1，方向相反。

【动作要求】同别臂技术 1，方向相反。

3. 锁小腿技术

锁小腿技术 1

【实战应用】罪犯仰卧(或坐姿)，警察持警棍由前接近目标，右手持握警棍迅速由右向左从其小腿后侧穿过；同时左手迅速抓握住警棍中管，两小臂重叠，双手合力锁住其小腿；动作不停，迅速顺时针翻转，使其翻身俯卧，并收紧双臂，以棍身格压其小腿踝关节，左脚踩住其另一脚踝，语言控制："双手背到后面。"保持控制，等待其他警察上前控制其手臂并协同上铐(图2-1-30、视频 2-1-24)。

视频2-1-24

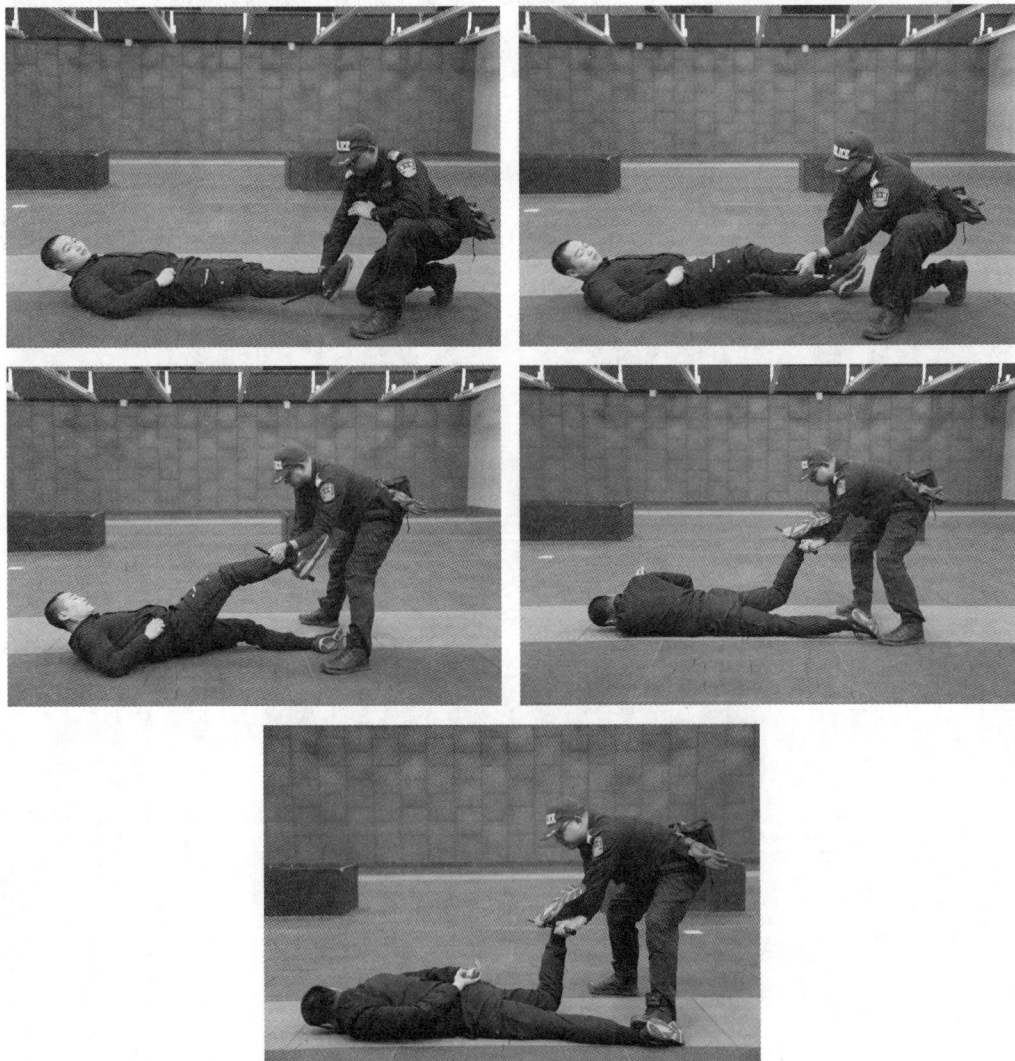

图 2-1-30　锁小腿技术 1

【动作要领】由前接近，利用警棍锁压控制罪犯下肢，将其制服。

【动作要求】锁压罪犯踝关节骨骼处。若罪犯仍反抗，可上下碾压，加大力度。

锁小腿技术 2

【实战应用】同锁小腿技术 1，方向相反（图 2-1-31、视频 2-1-25）。

【动作要领】同锁小腿技术 1，方向相反。

【动作要求】小臂夹紧，保持闭锁，其他同锁小腿技术 1。

视频 2-1-25

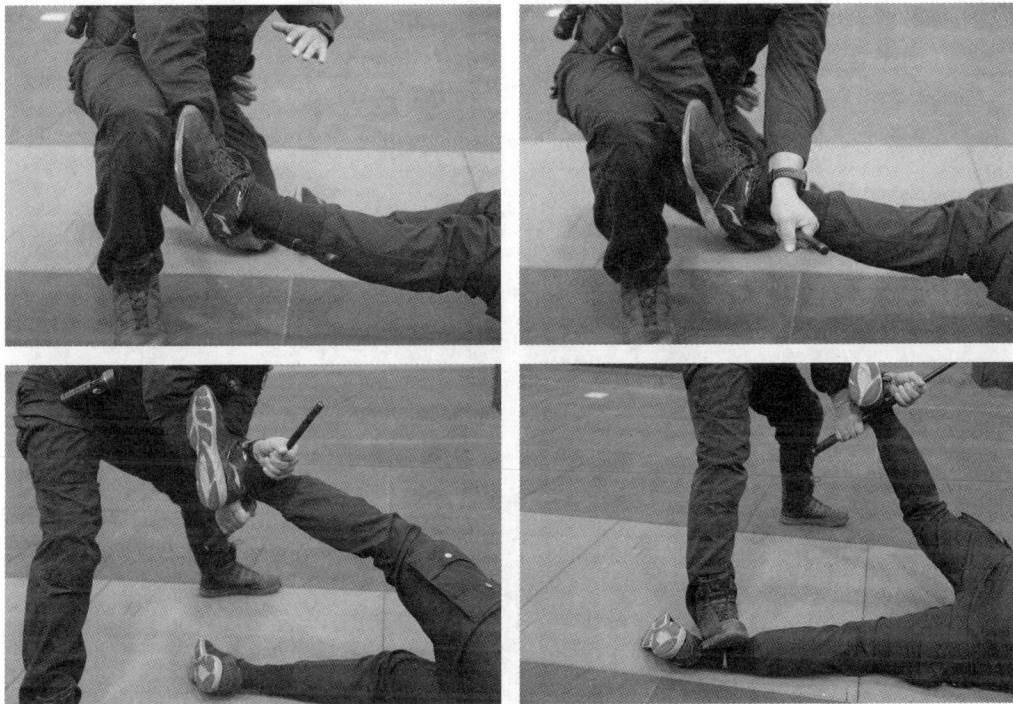

图 2-1-31　锁小腿技术 2

五、警棍的防抢技术

（一）双手抓握

1. 绞压杵击

绞压杵击多用于警棍被双手抓握抢夺时的解脱与控制。

【实战应用】警察正握警棍，罪犯突然近身，双手手心向下抓住警棍中段欲抢夺警棍。警察左手迅速抓握棍头，逆时针旋转，使棍把向前；双手合力向侧后方拉带，令其脱手；上右脚，用棍把杵击罪犯腹部将其制服（图 2-1-32、视频 2-1-26）。

视频 2-1-26

【动作要求】反应迅速，双手协调配合，转体发力，动作连贯。如罪犯力大，可快速逆时针、顺时针连续绞压，以解脱其抓握。

图 2-1-32　绞压杵击

【训练实施】两人一组进行对抗练习。（下同）

2. 绞压戳击

绞压戳击多用于警棍被双手抓握抢夺时的解脱与控制。

【实战应用】警察正握警棍，上肢较强壮的罪犯突然近身，双手手心向下抓住警棍中段欲抢夺警棍。警察左手迅速抓握棍头，逆时针、顺时针连续绞压，减弱其抓握力；双手合力向侧下方拉带，令其脱手；上左脚，用棍头戳击罪犯腹部将其制服（图 2-1-33、视频 2-1-27）。

【动作要求】反应迅速，双手协调配合，转体发力，动作连贯。如罪犯力大，可快速逆时针、顺时针连续绞压，以解脱其抓握。

图 2-1-33 绞压戳击

(二)单手抓握

1.抓腕压肘

抓腕压肘多用于警棍被单手抓握抢夺时的解脱与控制。

【实战应用】警察正握警棍，罪犯突然近身，左手抓住警棍中段欲抢夺警棍。警察左手抓握罪犯手背，逆时针旋转警棍，同时右臂下压其肘关节，将其带倒呈俯卧，并跪肩控制（图 2-1-34、视频 2-1-28）。

【动作要求】抓握转体下压动作连贯，地面控制牢固。

视频2-1-28

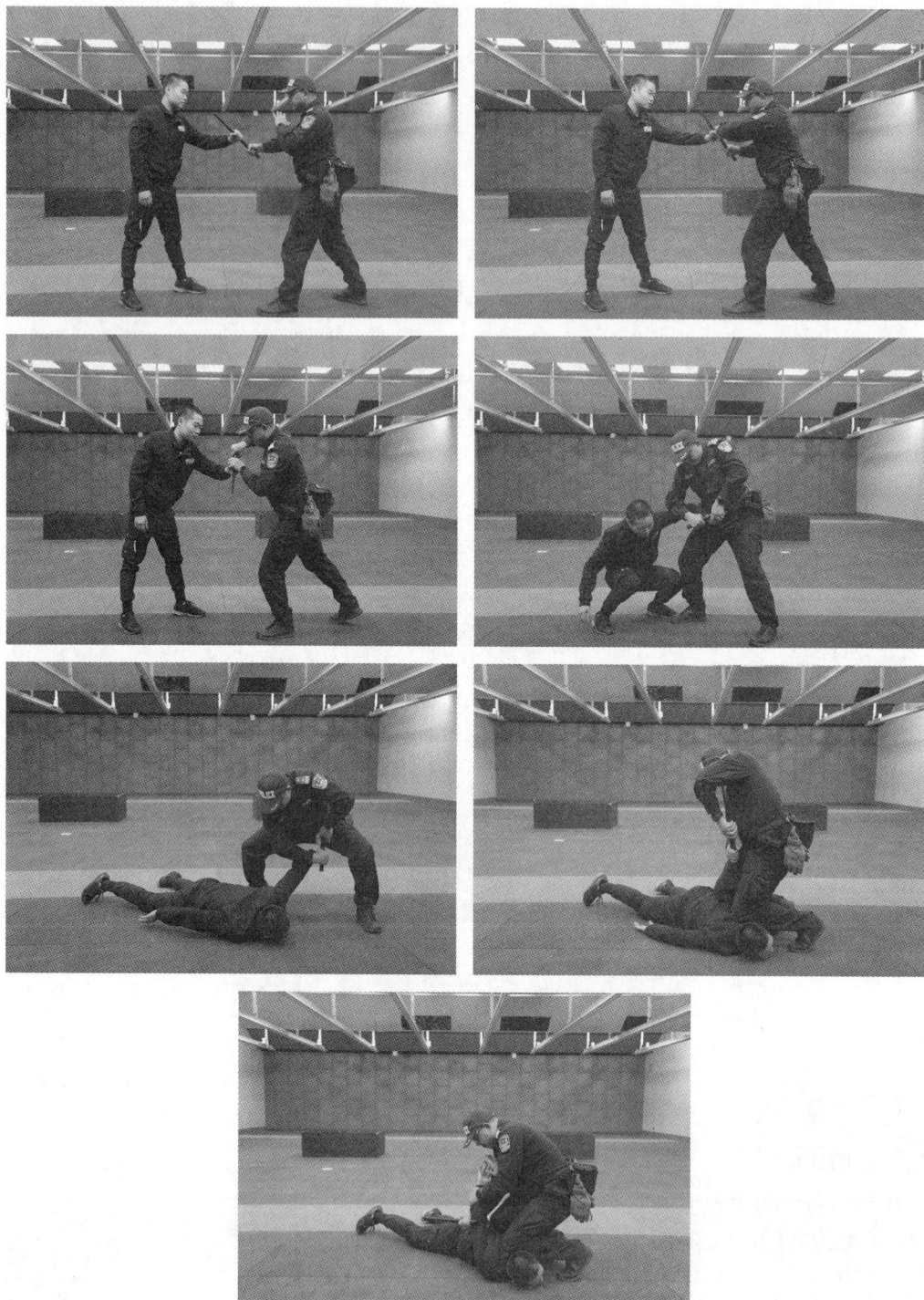

图 2-1-34 抓腕压肘

2.折腕压肘

折腕压肘多用于警棍被单手抓握抢夺时的解脱与控制。

【实战应用】警察正握警棍，罪犯突然近身，右手抓住警棍中段欲抢夺警棍。警察顺时针旋转警棍使罪犯握棍手小指一侧朝上，同时左手抓握其手背，并用左大臂顶压其肘关节；左手四指扣握其小鱼际外旋折腕，解脱其抓握，并保持折腕；右小臂下压其肘关节，将其带倒，跪肩折腕。

【动作要求】转动棍身及时抓握，折腕压肘动作连贯，地面控制牢固。

【学习项目四】 警棍使用情景训练

警棍属于制服性警械，具备攻击性和伤害性的特点，在使用中要把握使用的条件，做到合情合理合法，准确判断情况，实施有效击打和控制。在选择击打部位时，注意不过分、不过度，限制暴力，达到目的即刻收手。

一、训练案例

某监狱劳动车间张犯、李犯为琐事突然发生争吵，拳脚相向，周边罪犯围观起哄，两名监所警察佩带装备巡逻至此，发现情况迅速上前处置，命令围观罪犯散开，靠墙抱头蹲下；同时大声警告当事罪犯停止打架。打红了眼的张犯、李犯根本停不下来，继续互殴（视频2-1-29）。

视频2-1-29

二、处置方法

1.情况判明

(1)罪犯间的互殴情况，属于破坏监管秩序行为，经警告无效可以使用警械制止。
(2)张犯用木棍攻击李犯头部，如果不立刻采取强制措施，将进一步危及他人生命安全。
(3)选择进入时机、路线，判断能否保证自身安全。
(4)判断周围是否有危险物品，是否有警力支持。
(5)考虑安全因素：自己、罪犯、技能、法律等。

2.进入

(1)打开执法记录仪，报告指挥中心，请求支援。
(2)吹响警哨，先进行外围警告制止，命令围观罪犯散开，靠墙抱头蹲下。
(3)在围观罪犯得到控制后进入，警告当事罪犯服从，否则将使用警械。

3.依法使用

经警告无效后，依法使用警械制止。

4.使用后处置

(1)控制现场后出现伤害应及时医治。
(2)及时报告指挥中心现场情况。
(3)固定现场证据并进行进一步调查。
(4)按程序立即书面报告使用警械情况。

学习任务二 盾牌的应用技术

学 习 目 标

1. 了解盾牌的基本常识。
2. 掌握盾牌的使用方法。
3. 培养依法、准确、安全、有效使用警械的能力与素质。

【学习项目一】 盾牌的基本常识

一、盾牌介绍

警用盾牌是警察应对暴恐案件和处置突发事件时所必备的警用装备之一。通常情况，警用盾牌用于以下四种情形：

(1)用于控制非法的规模性聚集；

(2)对社会和狱内监管安全造成负面影响的暴力事件；

(3)用于制止语言或肢体动作上的冲突行为等；

(4)用于制止打架斗殴、寻衅滋事、打砸、冲击、拉扯、投射抛掷物等突发性的暴力行为。

监所警察使用盾牌处置暴力事件不易激化警囚矛盾，能够降低罪犯的抵抗情绪，关键时刻还可以起到阻挡人群冲击、分割包围人群等重要作用。因此，监所警察必须严格训练，只有熟练掌握、灵活运用盾牌技术，才能在突发暴力事件中有效控制和打击暴力行为。

二、盾牌性能

(一)法式盾牌

目前，我国警察所使用的盾牌以法式盾牌(图2-2-1)为主。该盾牌长1 m、宽0.56 m，采用优质的PC材料制成，具有透明度高、质量轻、抗冲击力强、坚固耐用的特点，能抵御投掷物、尖锐器物、酸类物的袭击，其上部的一个球形凸起点可以作为主要的攻击点来使用。

主要材质：进口聚碳酸酯(PC)。

规格尺寸：1000 mm×560 mm×3.5 mm。

图2-2-1 法式盾牌

质量：3.2 kg。

技术标准：《防暴盾牌》（GA 422—2008）。

（二）PC 防暴盾牌

PC 防暴盾牌防护面积大、防护性能好，是警察最佳的防护装备。PC 防暴盾牌有1.2 m、1.6 m 两种规格（图2-2-2、图2-2-3），盾体防护面积大，可根据需要搭接组合成各种战术防护墙，能有效抵御各种投掷物，阻拦突袭，掩护使用人员的前进和撤退。

图 2-2-2　1.2 m PC 防暴盾牌

图 2-2-3　1.6 m PC 防暴盾牌

主要材质：进口聚碳酸酯（PC）。

规格尺寸：1200 mm（1600 mm）×500 mm×3 mm。

质量：4 kg。

技术标准：《防暴盾牌》（GA 422—2008）。

（三）94-8 型防暴盾牌

94-8 型防暴盾牌（图2-2-4）是由有机玻璃制成的。这种盾牌提高了透明度，便于使用者透过盾牌观察目标；有较强的绝缘性和耐腐蚀性。主要用于防御棍棒、石块、刀具等物体的打击，也可用于攻击。它由盾体、衬垫、握把、调节带四部分组成。

图 2-2-4　94-8 型防暴盾牌

主要材质：优质透明聚碳酸酯（PC）。

规格尺寸：990 mm×560 mm×3.5 mm（3 mm）。

质量：2.5 kg

技术标准：《防暴盾牌》（Q/WHJI 16—2002）。

【学习项目二】 警用防暴盾牌基本应用技法

（一）盾牌持握方法

为便于警察更加灵活地操作盾牌，很多专家建议将传统的单手持握盾牌法改为双手持握盾牌法。相比传统的单手持握盾牌法，双手持握盾牌法的优点是灵活性强，能够最大限度地发挥盾牌的攻击作用，配合相应的队组战术，使盾牌的防护和进攻作用同时得以充分发挥。双手持握盾牌法操作简单，处置警察能够在较短时间内掌握。如果情况需要，双手持握盾牌也可以迅速转换为单手持握，以配合警棍或其他警械的使用。我们以 1.6 m PC 防暴盾牌为例，介绍双手持握盾牌法。

【动作要领】左手抓握手腕带，右手抓握手柄，将盾牌置于身体前方。两腿前后开立成格斗式站立姿势，盾牌上沿与头顶平齐，下颌内收，含胸收腹，双肘夹肋，双膝微屈，中心在两脚之间，两眼通过盾牌观察前方情况（图 2-2-5、视频 2-2-1）。

【动作要求】盾牌下部自然落于腿前，形成稳固的三点支撑结构，对来自上下左右各个方位的打击进行防护。

视频2-2-1

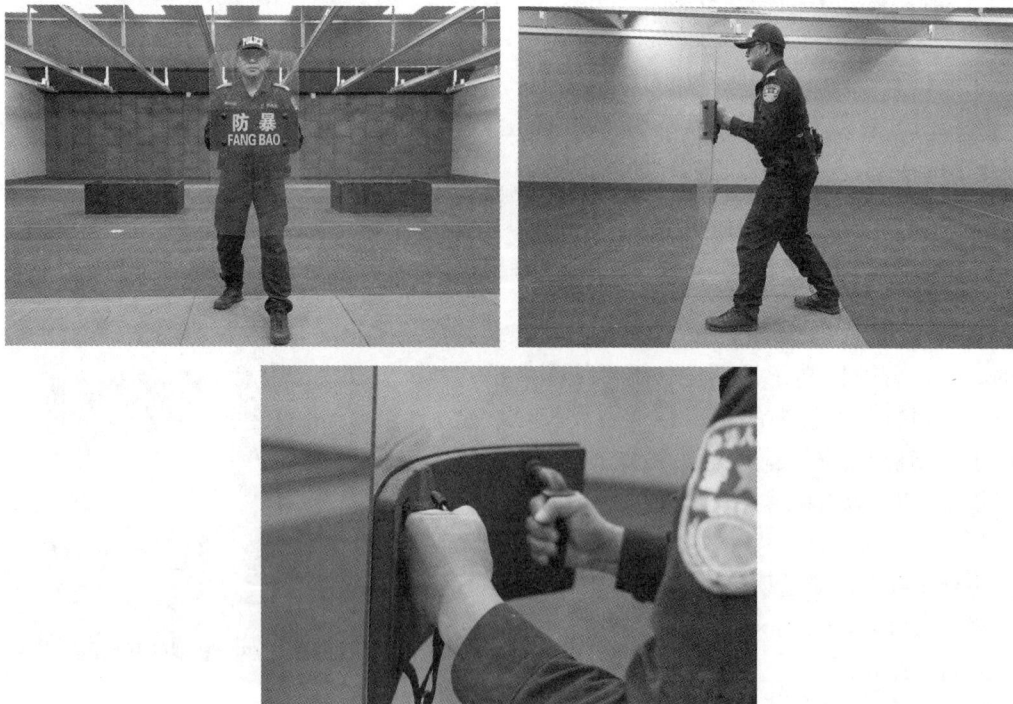

图 2-2-5　双手持握法

(二)持盾戒备姿势

在与罪犯近距离面对面时，应时刻保持警惕，此时可以使用戒备姿势。

【动作要领】双手持盾，两脚开立成格斗式，使盾牌朝向罪犯。若罪犯发动袭击，则迅速将盾牌提起。

【动作要求】持握时双肘夹紧，使整个身体都隐藏在盾牌后，提盾戒备时的高度可根据屈肘的高度而定。

【易犯错误】双肘外张，抓握无力。

(三)盾牌防守技术

盾牌的主要功能以防御为主，对防御突发暴力事件中的暴力袭击具有良好的效果。盾牌防守技术主要有上防、侧防和下防。

1. 上防

上防主要是应对罪犯从上至下的袭击。警察迅速提盾迎防，保护自身不受到伤害。

【动作要领】当罪犯持械劈来时，警察在持盾戒备姿势的基础上，迅速提盾，迎击罪犯持械手(图2-2-6、视频2-2-2)。

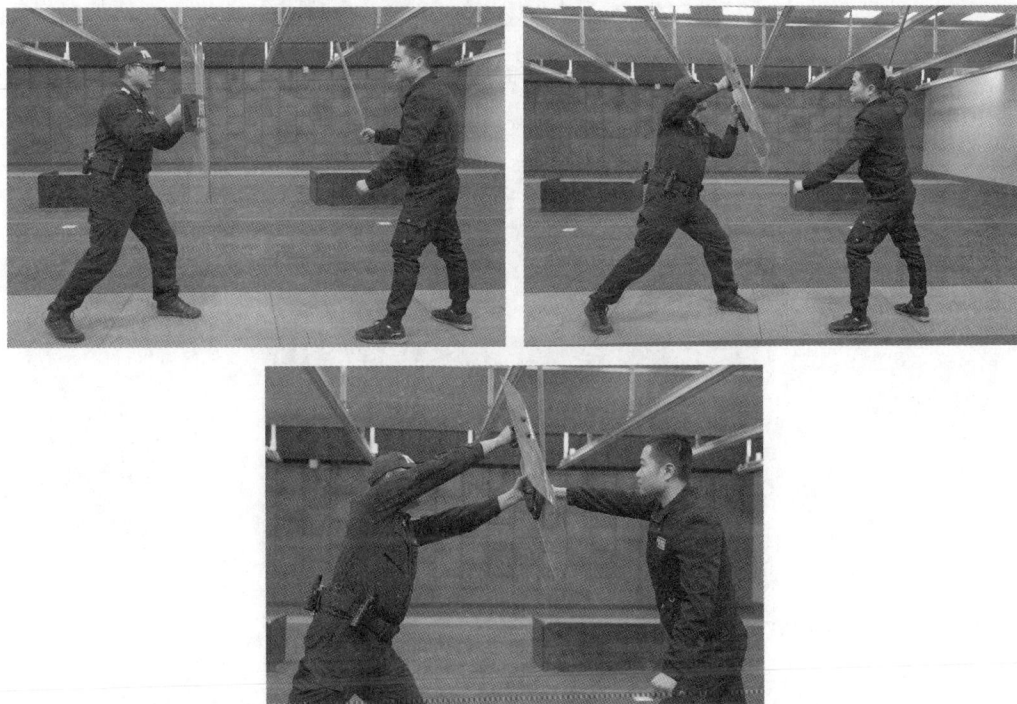

视频2-2-2

图 2-2-6 上防

【动作要求】判断罪犯劈砍的时机，迅速反应，防守时要靠向前的力量迎击罪犯的持械手。

【易犯错误】迎击不主动、时机不当。

【训练实施】动作熟练后,提高心率进行抗压训练。(下同)

2.侧防

当罪犯从侧面袭击时,警察需要积极地对体侧部位进行防守。

【动作要领】当罪犯持械向警察体侧劈砍时,警察在持盾戒备基础上,转拉盾牌。若罪犯从左侧砍来,警察双手持盾,左手拉、右手推,反之则动作相同、方向相反(图2-2-7、视频2-2-3)。

视频2-2-3

图 2-2-7　侧防

【动作要求】利用腰部发力,推、拉、转动作协调一致。

【易犯错误】转体动作慢、迎击时机不当。

3. 下防

罪犯有时会持械从下至上撩击,由于警察提盾时脚下没有防护,容易被砍伤,因此需要掌握防御撩击的防守方式。

【动作要领】当罪犯从下至上撩击时,警察迅速后撤,前脚抬起的同时盾牌下压。防守完毕后,迅速恢复成戒备姿势(图2-2-8、视频2-2-4)。

视频2-2-4

图2-2-8 下防

【动作要求】后撤与抬脚同时进行,将盾牌向斜下方下压。
【易犯错误】动作不协调。

(四)盾牌进攻技术

盾牌除了具有防御作用外，还具有辅助进攻的作用。盾牌进攻技术包括撞击、切击和戳击。

1.撞击

撞击主要是利用盾牌的凸起部位对罪犯的头部、面部、躯干等部位进行撞击。持盾牌警察应在格斗式的基础上灵活快速地前后左右移动步伐，保持合适的攻击和防守距离。

【动作要领】警察在持盾戒备基础上，判断持械罪犯的进攻距离，在近距离条件下，身体大胆贴靠，推手撞击，对罪犯的薄弱部位或危险部位进行连续猛烈撞击，破坏其重心(图2-2-9)。

图2-2-9　撞击

【动作要求】撞击时要调整到格斗式，如同待发之箭，突然启动发力。发力要做到迅猛、短促、突然。

【易犯错误】重心跟不上、发力不协调。

【训练实施】动作熟练后，提高心率进行抗压训练。

2.切击

切击主要是利用盾牌的两侧或底部边缘部位对目标人物进行击打，其优点是受力部位集中、击打效果好，缺点是攻击时防护性减弱。

【动作要领】警察双手持盾戒备，对准罪犯，当受到袭击时，迅速侧转盾牌，身体向前贴靠，利用盾牌的两侧或底部边缘部位切击罪犯持械部位或破坏其重心(图2-2-10、视频2-2-5)。

视频2-2-5

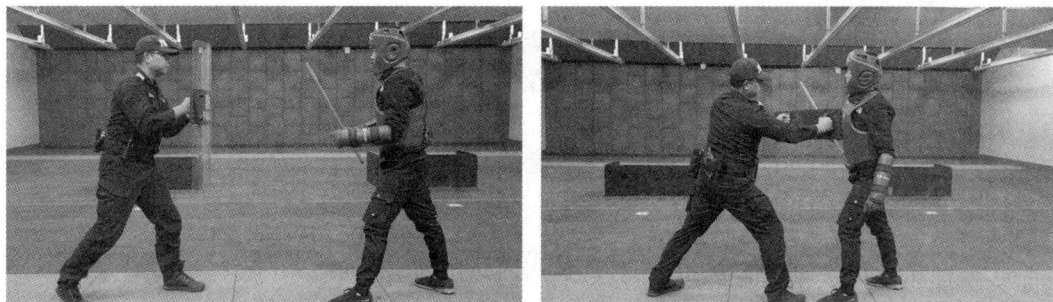

图 2-2-10　切击

【动作要求】转拉盾牌与切击配合要连贯一致，蹬转发力，借助下肢的蹬转力量增加切击效果。

【易犯错误】攻防转换时机不当。

【训练实施】动作熟练后，提高心率进行抗压训练。

3. 戳击

戳击主要是利用盾牌对罪犯的持械手或面部、肋部等薄弱部位进行击打，使之丧失抵抗能力。

【动作要领】警察双手持盾戒备，对准罪犯，当受到袭击时，迅速上提盾牌，身体向前贴靠，利用盾牌下沿向前戳击罪犯的持械部位或躯干部位（图 2-2-11、视频 2-2-6）。

视频2-2-6

图 2-2-11　戳击

【动作要求】提盾角度不可过大，以免使身体暴露，戳击完毕后迅速变为戒备姿势。

【易犯错误】提盾戳击不协调，力度不足。

【训练实施】动作熟练后，提高心率进行抗压训练。

学 习 目 标

1. 了解抓捕器的基本常识。
2. 掌握抓捕器的使用方法。
3. 培养依法、准确、安全、有效使用警械的能力与素质。

【学习项目一】 抓捕器的基本常识

一、基本功能

抓捕器在处置监狱突发暴力事件中是辅助盾牌使用的，主要功能是锁定目标躯干或下肢，通过拉、锁、扭、拽、推等动作使目标人物失去平衡，从而达到配合控制目标人物的目的。抓捕器同时还具有长棍的部分功能，在应急情况下可以代替长棍使用，如戳、挡等，协助制服突发暴力事件中的重要目标。抓捕器的使用情形同盾牌。

二、技术参数

主要材质：HR50 不锈钢型材。

尺寸规格：大抓捕器收缩时长 140 cm，展开时长 220 cm，下管壁直径 32 mm，上管壁直径 28 mm，弯臂直径 44 cm(图 2-3-1)；小抓捕器收缩时长 120 cm，展开时长 200.5 cm，弯臂直径 17 cm(图 2-3-2)。

质量：大抓捕器≤3.3 kg，小抓捕器≤2.4 kg。

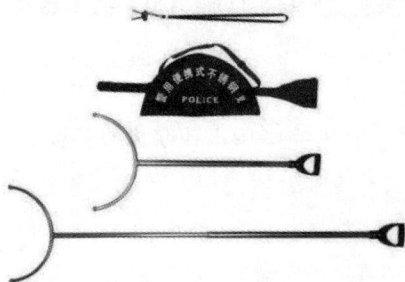

图 2-3-1 大抓捕器

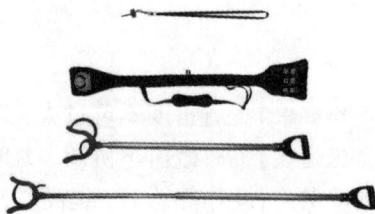

图 2-3-2 小抓捕器

【学习项目二】 抓捕器基本应用技法

一、抓捕器握持方法

抓捕器一般采用双手握持，左手(或右手)握持在抓捕器的中后部，右手(或左手)握持在抓捕器后部的横柄处，双手紧贴身体，双肘微屈，把握好抓捕器的重心，双脚前后开立，双膝微屈，含胸收腹，下颌微收(图 2-3-3)。

图 2-3-3　抓捕器握持方法

二、抓捕器的攻防技术

(一)大抓捕器

利用大抓捕器面积大的优点锁定目标人物的躯干部位,拉开警察与凶器之间的距离。

【动作要领】抓捕器手双手紧贴身前持盾队友的盾牌,当罪犯持凶器冲过来时,把握时机,双手向前推出,叉住罪犯的躯干部位,避免罪犯靠近或逃离(图2-3-4、视频2-3-1)。

视频2-3-1

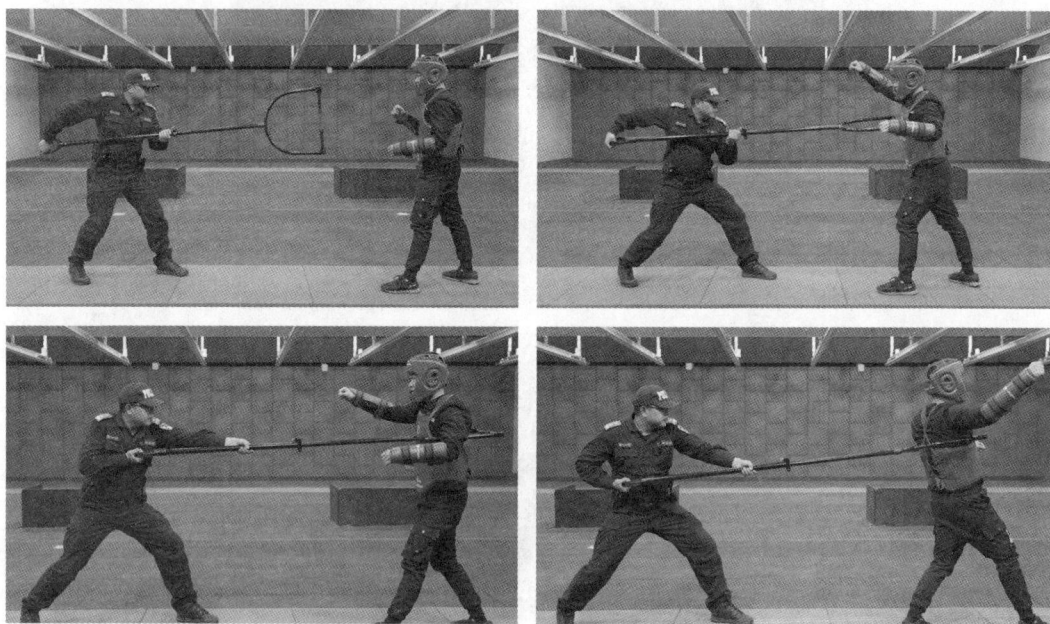

图2-3-4 大抓捕器攻防技术

【动作要求】善于利用盾牌,找准战机,果断出击。如果锁定失败要迅速收回抓捕器成戒备姿势,叉住罪犯后利用盾牌的掩护和抓捕器的长度保证自身的安全。

【易犯错误】没有观察全局。

（二）小抓捕器

利用小抓捕器锁定目标的脚踝，并旋转使之倒地。其特点是便于控制。

【动作要领】抓捕器手双手紧贴身前持盾队友的盾牌，当罪犯冲过来侧身或背对警察战术小队时，盾牌手第一时间向前迎击罪犯的凶器，抓捕器手把握时机迅速前推抓捕器，锁定罪犯的脚踝，然后向外侧旋转抓捕器，使罪犯倒地（图2-3-5、视频2-3-2）。

视频2-3-2

图 2-3-5　小抓捕器攻防技术

【动作要求】善于利用盾牌，找准战机，果断出击。如果锁定失败要迅速收回抓捕器成戒备姿势，叉住罪犯后利用尾部横柄发力旋转使其失去重心倒地。

【易犯错误】没有观察全局，锁定旋转不顺畅。

【学习项目三】 抓捕器使用情景训练

一、训练案例

看守所送来 5 名新犯，警察在教室对他们进行物品检查，1 名年龄较大的刘姓新犯突然发飙，冲着事务犯开骂："你有什么资格动老子的东西，不准动。"事务犯回应道："别骂人啊，这是警官的安排。"便不予理睬继续做事。

而此时，原本蹲在墙边的刘犯突然冲向墙角，拿起扫把便对事务犯猛扑，扫把头被打断，只剩下木棍握在其手中。其他在场犯人立即冲上前去。刘犯持棍继续挥打，其他犯人不敢靠近，形成僵持。在场警察也立即喝令刘犯放下木棍，抱头蹲下。2 名从看守所来的新犯也跟着起哄，帮腔造势。不明情况的其他犯人也来到教室围观……（视频 2-3-3）

二、处置方法

1. 情况判明

（1）罪犯有行凶行为的，经警告无效可以使用警械制止。

（2）刘犯的行凶行为，如果不立刻采取强制措施，将极大地影响监管秩序。

（3）选择进入时机、路线，判断能否保证自身安全。

（4）判断周围是否有危险物品，是否有警力支持。

（5）考虑安全因素：自己、罪犯、技能、法律等。

2. 进入

（1）打开执法记录仪，报告指挥中心，请求支援。

（2）吹响警哨，先进行外围警告制止，命令其他罪犯散开，转身抱头蹲下。

（3）在其他罪犯得到控制后进入，警告当事罪犯服从，否则将使用警械。

3. 依法使用

（1）利用盾牌、抓捕器戒备，并选择正确位置，保持距离，语言警告。

（2）警告无效，开始成小队推进，移动位置，观察评估，再次警告。

（3）慢慢接近目标罪犯，将其控制为安全状态后上铐。

（4）安全、有序带离。

4. 使用后处置

（1）控制现场后出现伤害应及时医治。

（2）及时报告指挥中心现场情况。

（3）固定现场证据并进行进一步调查。

（4）按程序立即书面报告使用警械情况。

学习任务四　最小作战单元战术队形

学　习　目　标

1. 掌握单警棍盾配合战法。
2. 掌握双警棍盾组合战法。
3. 熟练掌握三警棍盾叉组合战法。

【学习项目一】 **单警棍盾配合**

一、基本战法

用圆盾(或臂盾)第一时间挡格防护，保持距离，迅速出棍，用戳击、劈击等动作进攻、制服罪犯(视频 2-4-1)。

视频2-4-1

二、动作要求

(1)胸前持盾，戒备站位。
(2)防中快打，攻防连贯。

三、战术要点

(1)保持戒备，迅捷防护。
(2)严密观察，处置果断。

四、特别提示

(1)圆盾、臂盾属于应急性防护警械，应强化警察使用警械时的防护意识。
(2)通常弱手持握圆盾、臂盾，强手持警械配合使用。

【学习项目二】 **双警棍盾组合**

视频2-4-2

一、基本战法

盾手在前，第一时间迎击罪犯的持械手或躯干部位；棍手利用盾牌的掩护找准时机劈击罪犯大肌肉群的神经，将其制服(视频 2-4-2)。

二、动作要求

(1)盾手双手持盾,主动迎击。
(2)棍手依托盾牌,善抓战机。

三、战术要点

(1)保持戒备,盾手迅捷防护。
(2)严密观察,棍手果断出击。

四、特别提示

(1)两人小组中指挥员为棍手。
(2)棍手依托盾牌的防护,不得贸然出掩护。
(3)发现目标时,盾手作为防护力量第一时间利用"隧道效应"大胆迎击。

【学习项目三】 三警棍盾叉组合

一、基本战法

视频2-4-3

盾手在前,第一时间迎击罪犯的持械手;抓捕器手寻找战机,利用大抓捕器锁定罪犯躯干部位或利用小抓捕器锁定罪犯脚踝,并旋转抓捕器手柄使罪犯失去重心倒地;棍手寻找战机击打罪犯大肌肉群的神经,协力将其制服(视频2-4-3)。

二、动作要求

(1)盾手双手持盾,主动迎击。
(2)抓捕器手依托盾牌掩护,善抓战机。
(3)棍手依托盾牌掩护,寻找战机。

三、战术要点

(1)保持戒备,盾手迅捷防护。
(2)严密观察,棍手果断出击。
(3)依托盾牌,抓捕器手伺机出击。

四、特别提示

(1)三人小组中指挥员为棍手。
(2)三人呈一字队形时,棍手位于中间位置;三人呈三角站位时,盾手居前,棍手、抓捕器手根据个人习惯和战力站于盾手后方左、右。
(3)盾手始终为棍手和抓捕器手提供防护。
(4)要保持好适当间距,形成合力,便于移动、攻防。

学习任务五　催泪喷射器的应用技术

学习目标

1. 了解催泪喷射器的基本常识。
2. 掌握催泪喷射器的基本操作。
3. 掌握催泪喷射器的规范使用流程。

【学习项目一】　催泪喷射器的基本常识

警用催泪喷射器与警棍相比，具有更低的杀伤效果，不会对人体造成过度的伤害，并可使警察在较远的安全距离内对目标人物实施控制。警用催泪喷射器是武力使用等级第三层级中比较温和的警械控制手段之一。适用情形见本书附录中《监狱人民警察单警装备使用管理办法》第三章第六条。

图 2-5-1　警用催泪喷射器

一、结构

警用催泪喷射器为圆柱形，由罐体、阀体、溶剂袋、喷嘴、喷射剂(催泪剂)、保险盖组成，开关为按压式，向下压即可喷射(图 2-5-1)。

二、参数

(一)技术规格

罐体上印有规格为 2.5 cm×2.5 cm 的白色警徽。催泪喷射器全长≤I50 mm，质量为(100±5) g，外径≤35 mm，内装制剂的容量为 40~50 mL，最佳喷射距离 4~6 m，每秒喷射量可达 131 mg，使用温度范围-30~45℃，水泥地面无损落高≤3 m。

(二)催泪喷剂

警用催泪喷射器可以使用多种制剂，CS/CN 和 OC(oleoresin capsicum) 是最常用的催泪喷剂。CS/CN 属于化学制剂，而 OC 的主要成分是由红辣椒提炼的辣椒素。这两种催泪喷剂的主要成分、刺激机理及作用效果等如表 2-5-1 所示。

表 2-5-1　CS/CN 与 OC(oleoresin capsicum)比较

催泪喷剂	CS/CN	OC(oleoresin capsicum)
成分	邻氯苯亚甲基丙二腈/苯氯乙酮	辣椒素
性质	化学物质	天然物质
刺激机理	刺激剂	炎性媒体
作用效果	刺激眼睛、呼吸道以及神经系统的触觉细胞并引起痛楚	令接触的皮肤、黏膜红热肿痛
作用时间	1~3秒/3~7秒	1~2秒
作用对象	对受酒精和药物影响的人收效低或无效	对受酒精和药物影响的人同样有效

当前我国警察广泛装备的警用催泪喷射器,多是以 CS 为催泪喷剂。CS 催泪喷剂主要有如下效果:

(1)迅速产生心理和生理反应,感觉呼吸困难,有脸部灼烧感。

(2)双眼剧烈刺痛,伴有流泪,眼睛无法睁开,失去方向感。

(3)裸露的皮肤立即产生被燃烧的灼热、疼痛感觉,尤其是出汗、湿润的部位更为严重。

(4)如果口、鼻吸入 CS 催泪喷射剂,会导致黏膜肿胀、咳嗽、流鼻涕、呼吸道疼痛、胸闷、呼吸急促及暂时性失声。

(5)身体失去协调能力,产生暂时性肢体功能障碍,而不能继续伤害他人,反抗能力急剧降低。

CS 催泪喷剂对人体刺激程度参数:人所吸入的催泪喷剂浓度越大,时间越长,对人体的刺激作用就越明显。当其浓度达到 0.05 mg/m³ 时,就会使人产生刺激的感觉,此浓度被称为临界浓度;当其浓度达到 1 mg/m³ 时,就会使人产生较明显的刺激感觉,此浓度被称为骚扰浓度;当其浓度达到 3 mg/m³ 时,就会使人产生不可忍耐的感觉,此浓度被称为不可耐浓度。

三、喷射方式与特点

我国目前装备的催泪喷射器按喷射方式分类,主要分为喷雾式和射流式两种。

(一)喷雾式

喷雾式是利用罐内所填充的高压气体,将工作介质以极高的速度呈锥状喷出,形成一种雾状的气溶胶悬浮颗粒在空中弥漫和扩散,效果特别迅速和强烈。

【优点】由于呈锥状喷出,覆盖的面积大,会同时作用于目标的眼睛、皮肤和呼吸道。

【缺点】在室外使用时容易受风力、风向的影响,由于覆盖面积大,使用不当容易波及自身和无辜人群。

(二)射流式

射流式是利用高压气体将工作介质以线状的、较大颗粒的形态喷出。射流式中的工作介质又分为液体物质和啫喱/泡沫状物质。

【优点】由于颗粒比较大，因此受风力影响较小，不容易波及无辜。

【缺点】覆盖面积小，需要瞄准，如未命中脸部，效果不明显。

四、保养

(1)常温库存，不应与易燃、易爆品混放。

(2)使用后进行清洁，保护盖回位，存放于干燥通风处，注意防潮、向上、小心轻放，远离腐蚀源。

(3)注意使用年限(一般有效期为3年)。

【学习项目二】 催泪喷射器的基本操作与技术

一、检查

(1)携带前，摇晃瓶身，确认容器内是否仍有液体。

(2)检查喷剂是否在有效期内。

(3)检查喷嘴与罐体的连接处是否牢固，喷嘴是否清洁。

二、佩带

(1)佩带时，应注意将喷嘴朝上装入套中，并扣好套扣，不可将喷嘴朝下。需要使用时，打开套扣，直接向上提取使用，快捷方便。

(2)为了在紧急情况下能够快速取出和使用警用催泪喷射器，警察每次将其放入套中时须将催泪喷射器的喷嘴朝向同一个方向，取用与持握手法保持一致，以免在紧急情况下取出后再寻找和调整喷嘴位置而延误时间。

三、持握

从警用催泪喷射器的特点来看，在持握方式上主要是单手压腕持握与双手持握。单手压腕持握时，强手持握催泪喷射器，也可用弱手按压强手手腕以增加稳定性；在按压方式上多采取强手食指按压(图2-5-2)。双手持握时，强手持握催泪喷射器，弱手由前包握强手；多采取强手拇指按压(图2-5-3)。双手持握姿势类似于持枪姿势，有利于持握姿势的形成和巩固，是较为实用和提倡的方式，且拇指按压在力度和控制上较为灵活流畅。但需要注意的是，由前包握的左手不要阻挡住喷嘴，以免导致喷剂不能正常喷出或弱手沾染催泪喷剂。

这两种持握方式动作较为明显，能够让目标清晰地看到警察的戒备动作，产生一定的告知和威慑作用，同时也对周围无关人员起到警示作用，使无关人员尽快躲避。

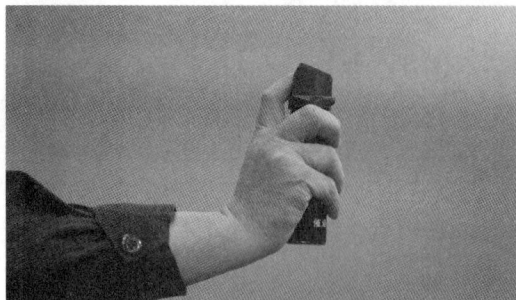

图 2-5-2　单手压腕持握

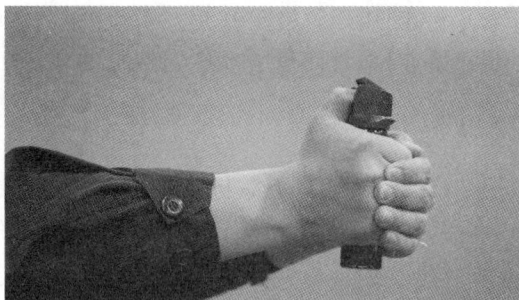

图 2-5-3　双手持握

四、戒备与警告

(一)戒备

1.双手持握戒备

用单手或双手打开喷射器套,取出喷射器,并快速摇晃几次,喷嘴对正目标,双手持握戒备。强手手臂应尽量伸直,以弱手辅助强手增强稳定性;强手食指或拇指放在喷射按钮上,做好喷射准备(图 2-5-4)。

2.单手持握戒备

实战中,可用弱手持握催泪喷射器,强手持握警棍戒备或扶枪戒备(图 2-5-5)。

图 2-5-4　双手持握戒备

图 2-5-5　单手持握戒备

(二)警告

根据《中华人民共和国人民警察使用警械和武器条例》(以下简称《条例》)第七条之规定:"人民警察遇有下列情形之一,经警告无效的,可以使用警棍、催泪弹、高压水枪、特种防暴枪等驱逐性、制服性警械。"同时,《条例》第六条规定:"人民警察使用警械和武器前,应当命令在场无关人员躲避;在场无关人员应当服从人民警察的命令,避免受到伤害或者其他损失。"警察在使用催泪喷射器前不但要对执法对象进行语言警告,还要对无关人员进行告知躲避，只有做到这两点，才能使用催泪喷射器，也只有这样才能避免不必要的诉讼，降低警察的执法风险。警告主要包括三个部分的内容：

(1)要表明身份，监所警察在现场执法中应当先表明身份。

(2)要明确告知对方做什么。如在喷射之前，用语言反复警告："警察，别动，放下凶器。"如有需要，应命令现场无关人员进行躲避，以免伤及无辜。

(3)要告知不服从警察命令的后果，如"我再警告你一次，把棍子放下，否则使用催泪喷射器"等类似语言。进行警告时，尽量使用简洁明确的语言，并且语气应具有足够的震慑力。

五、喷射技巧

(一)喷射时间与喷射距离

1.喷射时间

催泪喷射器的容量有限，为了提高装备的利用效率，应在喷射时注意喷射时间。一般情况下，每次喷射不要超过 1 s，1 s 的理论喷射量为 131 mg，而 CS/CN 气体的不可耐浓度为 3 mg/m^3。因此，在保证准确命中的前提下，1 s 的喷射时间足以制服对方。

2.喷射距离

喷射时应保持与目标的适当距离。催泪喷射器的有效喷射距离为 3~6 m，距离越近准确度越高，距离越远作用范围越大。而一般的安全距离约 2 m，在目标有反抗行为时，警察应边保持安全距离边警告。在 3~4 m 的距离上进行喷射是相对较为适宜的。距离过近，警察自身被喷射和遭到罪犯反击的概率就越大；距离过远，会对周围环境造成影响，也增大了喷射剂的使用量。因此，必须掌握好喷射的距离。

(二)喷射方式

喷射时，喷罐应与地面保持垂直，喷嘴瞄准罪犯面部，用强手食指或拇指按喷射按钮。喷射手法通常有环绕式、左右式、上下式、圆圈式四种。

(三)喷射时应注意的问题

为了避免各种意外情况的出现，造成难以收拾的局面，警察在使用催泪喷射器的过程中，应特别注意以下问题。

(1)使用前，警察应迅速判断风力与风向，确保喷射后喷剂不会飘向自己。这对于喷雾式催泪喷射器显得更为重要。警察只有在判明风向的情况下才能进行喷射。

(2)喷射后，警察应果断离开原位置。一般可先快速后退再向两侧移动，或者直接向斜后方移动，选择有利位置和保持适当的距离。因为被喷射者不会瞬间失去反抗能力，一般要经历 3~6 s 的时间才会有反应，所以警察必须在喷射后果断脱离原位置，避免自身受到对方的攻击。

(3)喷射时，警察要不断提出警告，明确告知罪犯停止反抗就不会被喷射，并用安抚性语言进行安抚，尽量降低其对抗心理和反抗行为。

(4)喷射时，警察要注意观察罪犯的行为和反应，再决定自己的下一步行动；同时应观察周围的环境，判断是否有适合自己移动的位置，是否会喷射到无关人员。

(5)警察应避免在相对密闭的空间使用催泪喷射器。在密闭空间中，催泪喷剂不易挥散，会对环境造成较长时间的影响，会影响人的正常活动。

六、使用后的净化

催泪喷射器在使用后会使罪犯失去反抗能力，对周围环境造成影响，因此在使用催泪喷射器后，警察要及时进行净化。催泪喷射器的使用环境多为较空旷的地方，基于喷射量的限制，喷剂对周围环境的影响会在短时间内消除，不会造成长时间影响。因此，净化主要是指对遭受喷射的罪犯的善后处理。

(一)对遭受喷射的罪犯的善后处理

1. 安抚

罪犯被催泪喷剂喷射后，大多会出现不适反应，有的反应会异常激烈，心中会对警察产生怨恨，甚至会有较强烈的攻击心态。警察在进行善后处理时，应保持警惕，对危险罪犯要使用约束性警械控制后再进行善后处理，并用安抚性语言进行安抚，以缓解对方情绪，降低其暴力威胁程度。

2. 询问

警察在执法过程中遇到的情况瞬息万变，罪犯的攻击行为或危害行为可能在极短的时间内发生，因此，决定喷射前，警察是没有时间去询问罪犯是否有某种疾病史的。但在喷射后要对已被控制的罪犯进行询问，询问其是否患有哮喘、高血压、心脏病等疾病，之前有没有吃过某些药物、喝过酒，有没有过敏症、过敏史，等等。对患有严重疾病的罪犯要密切关注其反应，一旦出现异常反应则立即送医院救治。

3. 净化过程

(1)将遭受喷射的罪犯移至未被喷射的环境，有风时要去上风口；同时询问其身体状况，安慰并告知其不要揉眼睛和脸部。

(2)用大量流动水冲洗遭受喷射的罪犯的面部，并用纸巾擦拭其脸上残留的喷剂和水。

(3)如果遭受喷射的罪犯戴有隐形眼镜要帮其摘下。

(4)如果喷剂沾染到帽子、衣服贴近皮肤的部分，在环境允许的条件下，可帮其摘下、脱下，如果环境不允许，则尽量将其衣服和皮肤隔离。

(二)特别提示

(1)一般情况下，遭受喷射的罪犯在产生反应后常会出现短时间说不出话的情况，对警察的一些询问不能马上回答。警察应充分观察对方的反应，出现异常就要赶快处理。

(2)遭受喷射后，一般3~4分钟后眼睛就能睁开，完全睁开大约需要5分钟的时间。痛苦的感觉会在15~30分钟内缓解消退，最多1~2小时完全消失。如果流鼻涕、咳嗽、胸闷、流泪等症状仍持续，则应当送到医院救治。

(3)控制住罪犯后，如果使用手铐等约束性警械对其进行进一步控制，或者在上铐后对其进行押解时,应尽量避免让其俯卧或仰卧,否则易造成其呼吸不畅,带来生命危险。

(4)将遭受喷射的罪犯带回后,应尽量由进行喷射的警察负责看管、询问等后续工作。

(5)如需将遭受喷射的罪犯移交,则应告知接收警察该罪犯曾遭到催泪喷射器的喷射,如果出现异常反应要及时送往医院救治。

【学习项目三】　催泪喷射器使用情景训练

一、训练案例

某监区一名罪犯张某脱离监管从二楼厂房溜到一楼大门口,两名监所警察发现情况后,迅速追上将其拦下……(视频2-5-1)

二、处置方法

1.情况判明

(1)罪犯脱离监管、擅自行动的,经警告无效可以使用警械制止。

(2)张犯的逃脱行为,如果不立刻采取强制措施,将极大地影响监管秩序。

(3)选择进入时机、路线,判断能否保证自身安全。

(4)判断周围是否有危险物品,是否有警力支持。

(5)考虑安全因素:自己、罪犯、技能、法律等。

2.进入

打开执法记录仪,报告监区领导及指挥中心,请求支援。

3.依法使用

(1)取催泪喷射器戒备,并选择正确位置,保持距离,语言警告。

(2)警告无效后,实施喷射,移动位置,观察评估,再次警告。

(3)将被喷射的罪犯控制为安全状态后,慢慢接近控制并上铐。

(4)告诫与安慰,净化处理后带离或押解到适宜净化的区域清洗后带离。

4.使用后处置

(1)控制现场后出现伤害应及时医治。

(2)及时报告指挥中心现场情况。

(3)固定现场证据并进行进一步调查。

(4)按程序立即书面报告使用警械情况。

学习模块三　约束性警用装备

学习任务一　手铐的应用技术

学·习·目·标

1. 熟悉手铐使用的常识和条件。
2. 掌握手铐使用的基本技术。
3. 培养依法、准确、安全、有效使用手铐的能力与素质。
4. 培养法律意识、安全意识、团队意识，增强勇敢果断的临战意识。

手铐是警察在执行公务中使用最为普遍的约束性警械，是国家专政机关使用的一种戒具。罪犯在改造期间，有下列情形之一的，可以使用手铐：

(1)执行离监就医、特许离监、调犯等押解任务的；

(2)有迹象表明罪犯可能暴狱、闹狱和行凶、脱逃、自杀、自伤，或者需要防止其继续实施上述行为的；

(3)法律法规规定的其他情形。

【学习项目一】 手铐的基本常识

一、种类

常见的手铐类型有链式手铐、板式手铐、拇指铐和一次性塑料手铐等。目前，国内司法、公安机关配发的手铐多为链式手铐。

二、结构

手铐由铐柄、铐梁、铐环、铐链和钥匙等构成(图 3-1-1)。

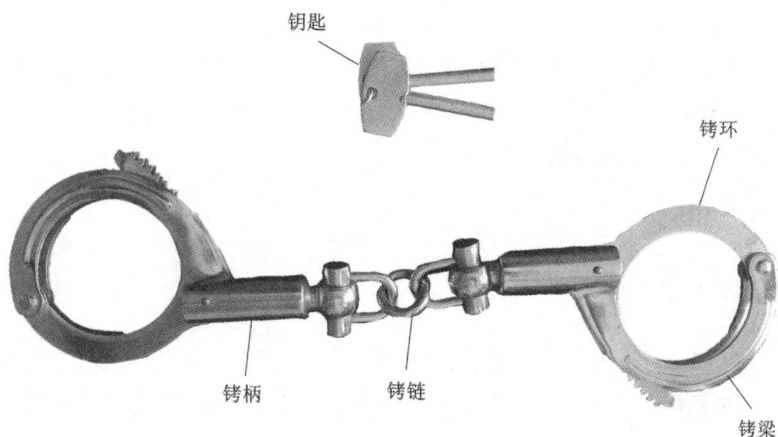

图 3-1-1   手铐

三、保养

手铐长时间不用时,不要经常空锁,以防锁件磨损,缩短使用寿命。暂时不用时,可涂油保存,注意防潮、防锈。

四、性能

(1)质量 400 g。

(2)静拉力大于 150 kg。

(3)使用寿命 4000 次。

(4)锁定尺寸 40×80 mm。

【学习项目二】 手铐的基本操作

一、检查

(1)使用前,应检查手铐的定位保险装置是否开启。如果没开,须用钥匙把保险开启后再使用。

(2)开启时,将手铐钥匙插孔内的定位插孔器调至正确角度。将钥匙插入,顺时针旋转到位,铐环即可自由滑动。如铐环仍然固定,应检查钥匙是否能完全地插入钥匙孔内,可将钥匙左右调整或配合插孔器,直至将铐环开启,切不可用力过猛,以免将钥匙扭断。检查后,如手铐处于正常状态,便可将铐环合拢,以便携带和使用,否则应立即上报更换。

73

二、佩带

手铐属于约束性警械，按照司法部2018年3号文件要求通常佩带在多功能腰带的右侧。

三、提取

（1）眼睛看着目标人物，根据情况，可使用左手或者右手打开手铐套，取出手铐。
（2）取出后，先检查铐环是否能够顺利滑动。
（3）检查完毕，采用正确持铐方式持铐。

四、持握

根据上铐方式选择适当的持握方式。

1.十字持铐

强手持铐，拇指、食指握住手铐的上环铐柄部分，上环铐口向前；小指、手掌小鱼际部分握住手铐的下环铐柄部分，下环铐口与上环铐口垂直；中指、无名指扣住铐链（图3-1-2）。

图3-1-2　十字持铐

2.一字持铐

持握动作同十字持铐，区别是上下环铐口均向前。此方法更适用于板铐持握（图3-1-3）。

图3-1-3　一字持铐

五、放回

（1）先折铐，折铐时单环朝一个方向。

（2）再装入套内，装入套内时单环朝弱手边。

【学习项目三】 基本的上铐方法

一、基本握法

【动作要领】右手持握手铐，拇指和食指握住上环铐柄，小指和手掌握住下环铐柄，铐链包在手掌中，两铐环齿轮放到最后一格，上环朝前，下环与上环垂直。

二、基本上铐技术

视频3-1-1

1.压腕上铐

【动作要领】固定铐环，将铐环贴靠在罪犯手腕处，然后用力下压，借助惯性使铐环环绕一周，将其手腕铐住(图3-1-4、视频3-1-1)。

【动作要求】压腕上铐动作要有力，锁铐要迅速。

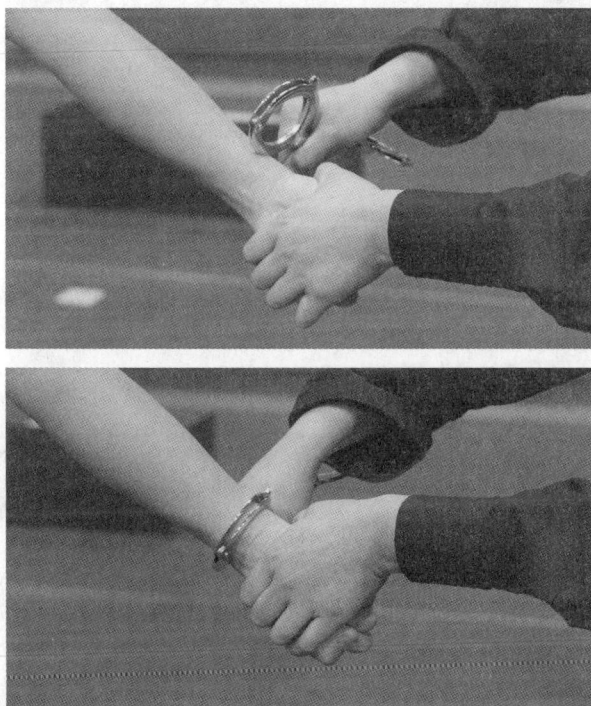

图3-1-4 压腕上铐

2. 挑腕上铐

【动作要领】右手持握手铐，右臂外旋，掌心向上翻转，以小指一侧为用力点由下向上挑动铐环磕击罪犯手腕，使铐环借力套绕其手腕。为了加快锁铐速度，可用左手食指、中指等顺势拨压铐环（图 3-1-5、视频 3-1-1）。

【动作要求】挑腕上铐要有力，锁铐要快，动作配合要协调。

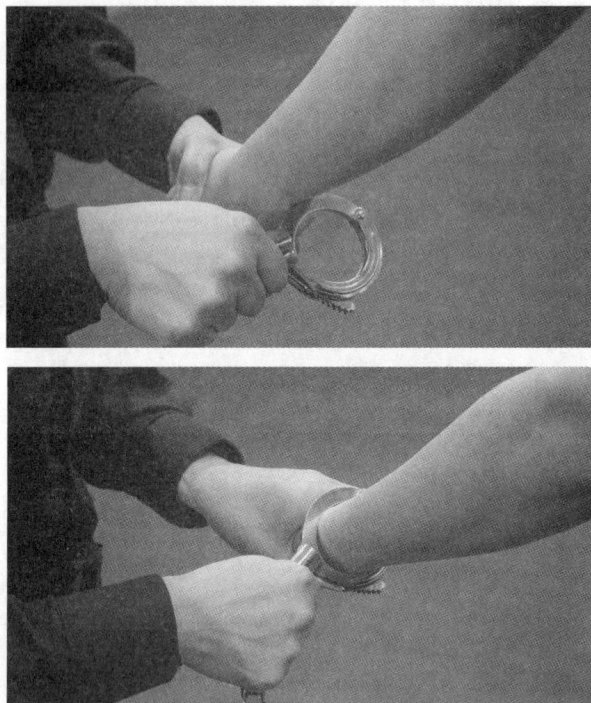

图 3-1-5　挑腕上铐

3. 开口上铐

【动作要领】将手铐铐环打开，右手握住手铐，左手抓住铐环，把铐梁套住对方的手腕后，左手迅速将铐环锁住（图 3-1-6、视频 3-1-1）。

【动作要求】套腕锁铐快速有力，动作协调一致。

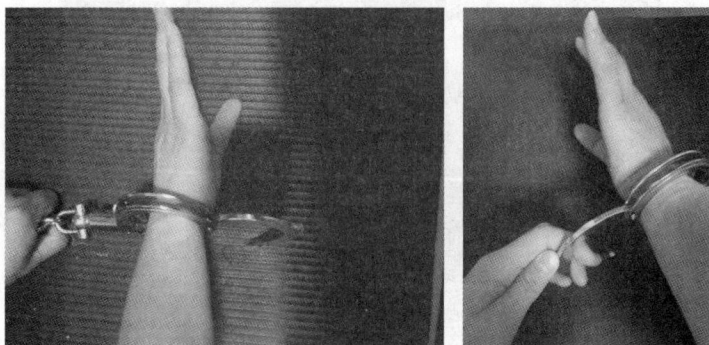

图 3-1-6　开口上铐

4.体前上铐

【动作要领】

(1)从正面用弱手抓罪犯弱手大拇指,强手持手铐从罪犯弱手大拇指向小拇指方向压铐,弱手同时抓其大拇指配合压铐向上抬。

视频3-1-2

(2)左手再由下抓握对方的强手大拇指,强手由下向上挑铐,即从对方强手小拇指向大拇指方向挑铐。

(3)随后紧铐(手与铐环留一指空隙),再上保险(图3-1-7、视频3-1-2)。

【动作要求】保持警力优势,铐前语言控制,上铐动作快速、协调。

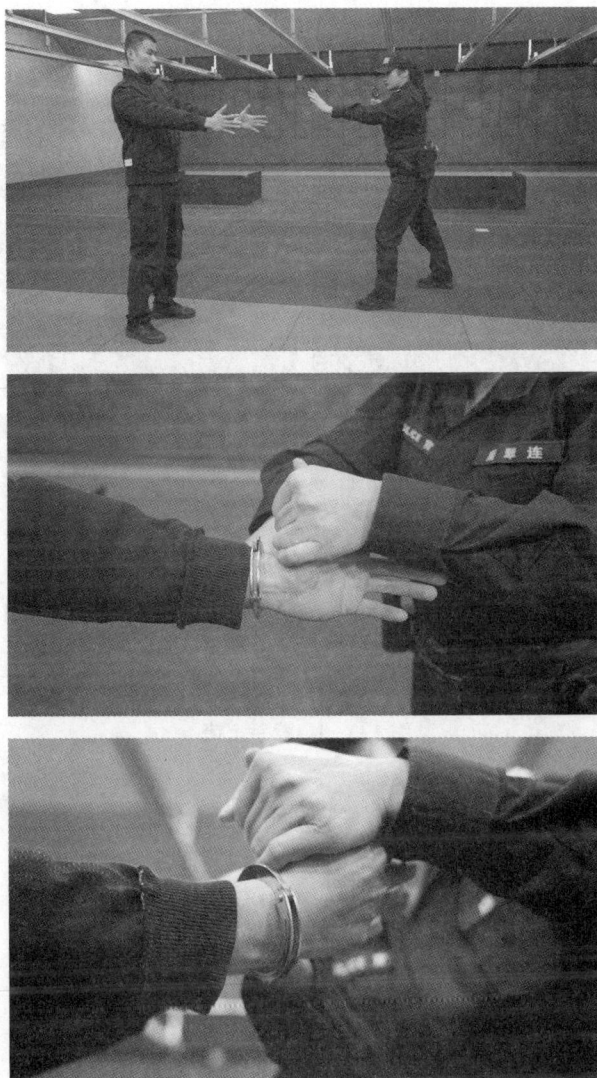

图3-1-7　体前上铐

5. 背手上铐

【动作要领】

(1)命令罪犯背对自己，双手向后抬起，掌心向上，五指张开，双脚分开，脚尖向外，向前弯腰。

(2)用强手握铐，从罪犯侧后方接近，接近后保持重心、控制距离。

(3)用弱手握住罪犯一只手的拇指或其余四指后转向，使其掌心向外，采用互推上铐，铐上第一铐。

(4)保持原位，握住罪犯另一只手的拇指或其余四指，用互推上铐或挑铐上铐。

视频3-1-3

(5)调整手铐松紧度间隙，然后关保险固定铐环。

(6)搜身后利用押解手腕锁带离，要全程保持高度警惕(图3-1-8、视频3-1-3)。

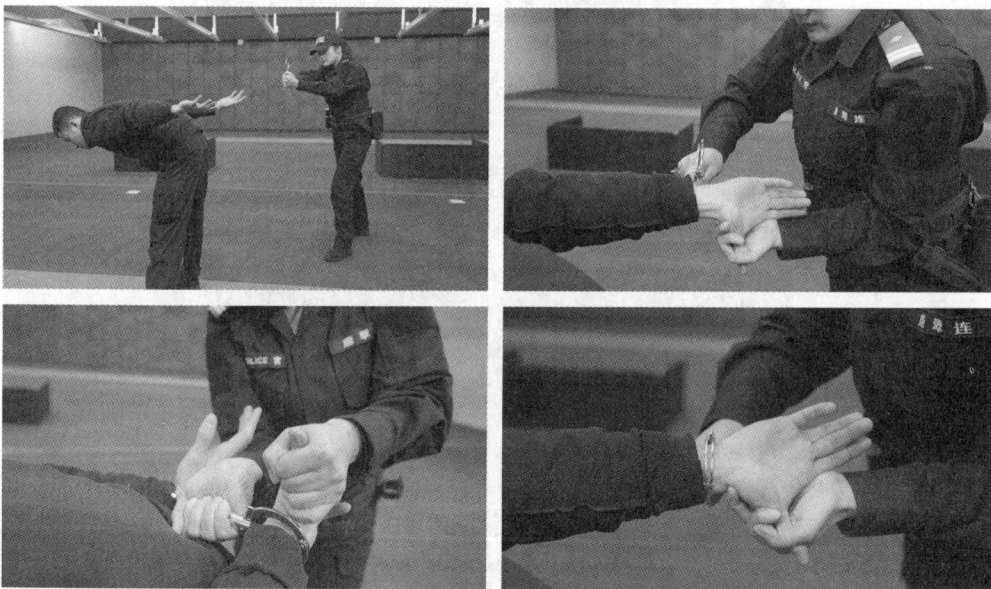

图 3-1-8 背手上铐

【动作要求】

(1)语言控制：清楚、简洁。

(2)重心分散：使罪犯重心分散。

(3)侧后接近：沿罪犯侧后方接近，保持重心及反应距离。

(4)互推上铐：利用互推法压铐、挑铐。

(5)调整松紧：调整手铐松紧度，关保险。

(6)搜身带离：搜身后利用押解手腕锁带离。

6. 抱头上铐

【动作要领】

(1)命令罪犯双手抱后脑，背向警察，两脚开立，脚尖向外，抬头，目视上方。

（2）警察由罪犯侧后方接近，侧身站立，用左手抓住其双手手指，用左肘顶住其后背。

（3）警察右手取出手铐，用压铐方式铐住其右手腕。

（4）左手抓住罪犯的左手指下拉，别于其身后。

（5）右手持铐将其右手臂下拉后别，用挑铐的方式铐住其左手腕部（图3-1-9、视频3-1-4）。

视频3-1-4

【动作要求】在口头控制的情况下，从侧后方先慢后快，谨慎接近。

图3-1-9　抱头上铐

7. 卧地上铐

【动作要领】

（1）用语言控制罪犯，要求罪犯背向自己，双手上举，双膝依次跪地，身体向前慢慢趴下，两脚内侧贴地，两手臂伸直侧展，掌心朝上，手指分开。

（2）一名持铐警察由罪犯的右侧方接近，抓住其右手折腕控制上铐。另一名警察同时迅速由后控制其双腿。

（3）持铐警察迅速跪压其右肩臂上铐，再令其将左手上抬，抓住其左手臂控制上铐。

（4）将罪犯向后翻转，令其左腿屈膝跪起。

（5）左手抓住其右手折腕，右手抓住其右肘部，将其扶起（图3-1-10、视频3-1-5）。

视频3-1-5

【动作要求】保持警力优势，语言控制和铐前控制到位，一般用于情节严重罪犯。

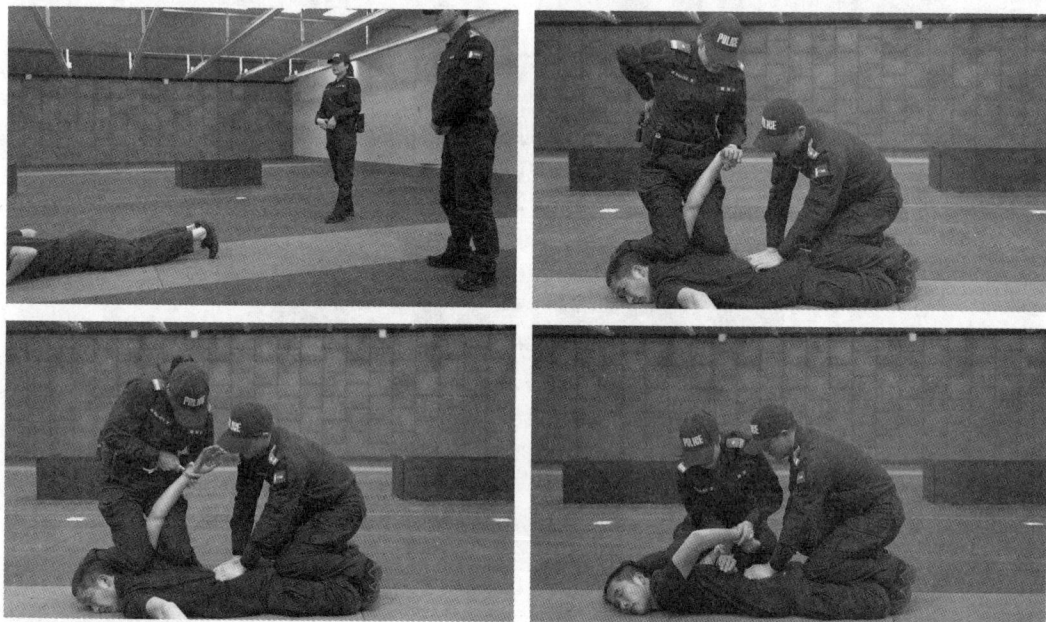

图3-1-10　卧地上铐

8. 贴墙上铐

贴墙上铐适用于对反抗意识及反抗能力较强、危险性较高的犯罪嫌疑人上铐，需在有墙或有可依托物时使用。

【动作要领】

（1）警察站位：由两名警察实施上铐，一警上铐、一警警戒。两名警察面对罪犯，与其呈三角形站位，罪犯位于三角形的顶端。上铐警察位于其左前方，警戒警察位于其右前方。

（2）语言控制：命令目标举起双手，向后转身，上体贴在墙上，双臂侧平伸，掌心向外，两腿分开，两脚尖外展。

（3）接近目标：上铐警察命令罪犯头向左转，而后由其右侧向其右手处接近，接近时做短暂停留，观察其有无反抗意图。警戒警察靠近目标并观察其动向。

（4）实施上铐：上铐警察上前用左手按压其右手腕，左肘顶其后背，左脚勾其右脚，右手提取手铐，先铐其右手腕，再折腕下拉于其后腰；左肘按压其背，左脚后撤，右脚勾其左脚，左手抓其左手旋转下拉于其后腰，右手持铐对其左手进行挑铐上铐。

（5）调整保险：上铐后调节手铐松紧，锁闭手铐保险。

（6）人身搜查：贴墙上铐后，还需在犯罪嫌疑人贴墙状态下进行背部搜身，排除隐患。先检查其头部及背部，而后令其转身站立，别臂控制，搜查其前身及身体其他部位，仔细搜查后，控制带离（图3-1-11、视频3-1-6）。

视频3-1-6

【动作要求】保持警力优势，语言控制和铐前控制到位，压铐、挑铐动作要有力，锁铐要快，动作配合要协调。

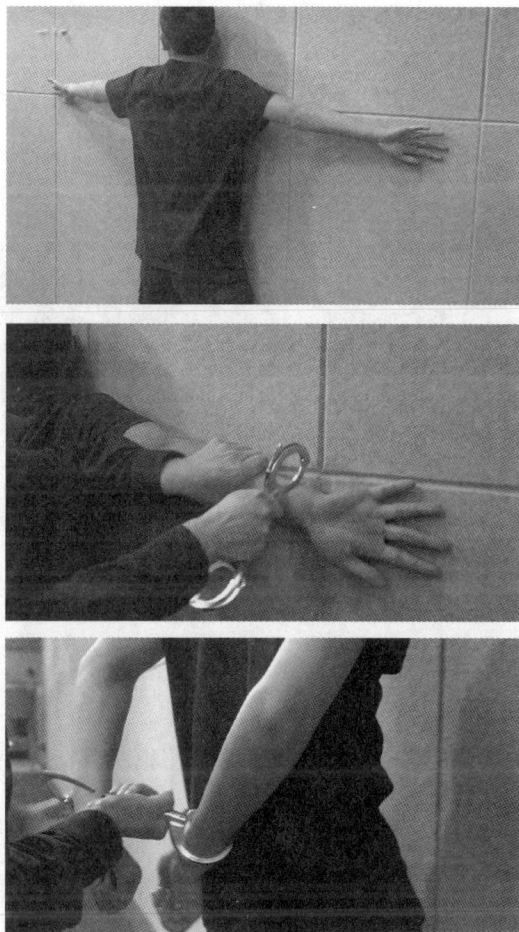

图3-1-11 贴墙上铐

三、特殊的上铐技术

1.连物铐

【动作要领】令罪犯伸出一手,警察位于其体侧,铐住其一手腕部,另一铐环可铐在车、船座位腿上或扶手杆上。

2.前抱物铐

【动作要领】令罪犯贴近前方某固定物体,警察位于其体侧,铐住其一手腕部,然后令其搂抱住该固定物体,再用另一铐环将另一手腕部铐住。

3.后抱物铐

【动作要领】令罪犯后背贴近某固定物体,两脚开立,警察位于其体侧,铐住其一手腕部,然后将其双臂拧到背后,使其反手搂抱住该固定物体,再用另一铐环将另一手腕部铐住。

4.一铐两人

【动作要领】令两罪犯并排站立,警察位于其后侧,将甲犯右手腕与乙犯左手腕用一副手铐铐在一起(图3-1-12)。

图3-1-12　一铐两人

5.两铐两人

【动作要领】

(1)令两罪犯并排站立,双手向后,甲犯右臂与乙犯左臂交叉挽在一起,手掌向外,警察位于其后侧,将罪犯手铐在背后。

(2)令两罪犯并排站立,警察位于其后侧,将两罪犯右臂在背后用一副手铐铐上,再将两罪犯左臂在背后用另一副手铐铐上,使两罪犯的左臂与右臂在背后被交叉铐住。

(3)令两罪犯相向站立,甲犯右臂挽住乙犯左臂,警察位于其体侧,用两手铐分别在体前铐住两罪犯的手腕(图3-1-13)。

图 3-1-13 两铐两人

6. 两铐三人

【动作要领】

（1）令三罪犯同向并排站立，警察位于其后侧，用一副手铐将甲犯左手腕与乙犯右手腕铐住，用另一副手铐将甲犯右手腕与丙犯左手腕铐住（图3-1-14）。

（2）令三罪犯同向并排站立，警察位于其后侧，用一副手铐将甲犯双手向后背、掌朝外铐住其两手腕，乙犯右手穿过甲犯左臂至甲犯背后，用另一副手铐一端铐住乙犯右手腕，另一端铐住丙犯左手腕，使三罪犯相互牵扯、相互制约。

图 3-1-14 两铐三人

【学习项目四】 手铐使用情景训练

一、训练案例

一名罪犯不出工，还与管事犯争吵，两名警察知晓后把罪犯带到办公室谈话。谈话过程中，罪犯不服从安排，情绪越来越激动，有伤人行凶倾向，一名干警迅速由后控制罪犯，另一名警察采用卧地上铐（视频3-1-7）。

视频3-1-7

二、处置方法

1.情况判明

(1)判断是否具备使用手铐的条件。

(2)上铐前观察罪犯表情,选择进入时机、路线,判断能否保证自身安全。

(3)判断周围是否有危险物品,是否有警力优势。

(4)考虑安全因素:自己、罪犯、技能、法律等。

2.警告

(1)打开执法记录仪。

(2)警告当事罪犯服从,否则将使用手铐。

3.依法使用

戒具的使用,必须严格遵守《中华人民共和国监狱法》及相关规定,合理、合情、合法地使用手铐。

4.处置方法

(1)上铐前应事先分析罪犯情况,在现场向罪犯发出口头警告。

(2)两名警察迅速控制罪犯后,使用卧地上铐技术,再对其进行搜身。

(3)如手铐使用不当,造成罪犯手腕或其他部位损失,应在能够控制的情况下对其进行治疗。

5.注意事项

(1)检查手铐性能是否良好。

(2)上铐不宜过紧,以接触皮肤为宜。

(3)上铐前先控制,防止罪犯袭警或脱逃。

(4)警戒要到位,控制技术要到位,搜身要全面。

(5)以消除和防范危险情形为限度,不得将上铐作为惩罚手段,如给罪犯戴双铐、背铐。

(6)立即补办审批手续,按程序报告使用手铐情况。

学习任务二　脚镣的应用技术

学 习 目 标

1. 了解脚镣的基本常识。
2. 掌握脚镣的基本操作。
3. 掌握手铐连脚镣的使用方法。
4. 培养勇敢果断的临战意识，依法合情合理应用脚镣技术。

　　脚镣是一种金属质地的用于束缚罪犯双脚使其不能走快的警用狱用器械，通常由镣环和镣链两部分构成。使用方法是将镣环套在罪犯的双脚脚踝上，镣环上设锁具或者铆钉孔，可以通过锁住锁具或者在铆钉孔钉死铆钉将镣环固定在罪犯双脚上，使罪犯不能取下自由行走。镣链是连接双脚镣环的金属链。

【学习项目一】 脚镣的基本常识

一、脚镣的分类及原理

(一)脚镣的分类

(1)根据重量的不同，可以分为重镣和轻镣。
(2)根据适用的罪犯不同，可以分为普通脚镣和死囚脚镣。
(3)根据固定镣环方法的不同，可以分为警用脚镣和监狱用铆钉式脚镣。

(二)脚镣的束缚原理

　　(1)重量束缚。此类脚镣镣环粗大，镣链往往是很粗的链子，以保证脚镣的重量，使罪犯双脚拖着重物而不能走快。此类脚镣主要是用于重刑犯，如我国使用的死囚脚镣重达9 kg。此类脚镣的优点是牢固耐用，束缚效果好。
　　(2)步幅限制。此类脚镣通过控制镣链长度而限制罪犯步幅，使其不能走快。此类脚镣的优点是便携，警察和监狱看守人员可以随身携带多副，多用于逮捕、提押罪犯。

二、脚镣的结构

　　脚镣通常由镣环和镣链两部分构成，镣环上设锁具或者铆钉孔。脚镣的最大重量不得超过5 kg。除脚镣外，还有手铐连脚镣(图3-2-1)。

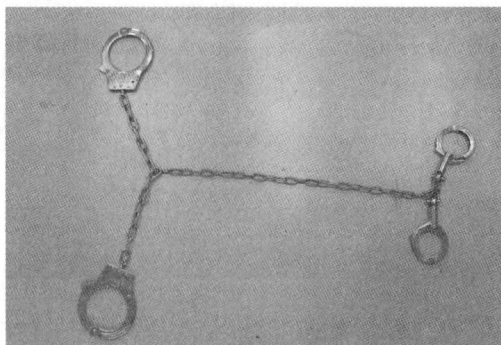

图 3-2-1　手铐连脚镣

【学习项目二】 脚镣和手铐连脚镣的使用方法

一、脚镣使用方法

【动作要领】令罪犯坐下，两腿伸直，警察位于其侧，将脚镣分别铐在其两脚踝上方，铐环和皮肤接触后不能脱下即可。

【动作要求】保持警力优势，铐前控制。

二、手铐连脚镣使用方法

【动作要领】令罪犯坐下，两臂前伸，两腿伸直，警察位于其侧，先将手铐分别铐在其两手腕部，再将脚镣分别套在其两脚踝上方（图 3-2-2、视频3-2-1）。

【动作要求】保持警力优势，铐前控制，先上手铐。一般用于押解罪犯指认犯罪现场和看押死囚。

视频3-2-1

图 3-2-2　手铐连脚镣使用方法

学习任务三 警绳的应用技术

学习目标

1. 熟悉警绳使用的常识和条件。
2. 掌握警绳使用的基本技术。
3. 培养依法、准确、安全、有效使用警绳的能力与素质。
4. 培养勇敢、机智、果断的优良品质和坚忍不拔的意志品质,增强临战意识。

【学习项目一】 警绳的基本常识

一、警绳的种类与规格

警绳属约束性警械,是警察在抓捕逃犯和押解罪犯等警务活动中使用的专门警械。它具有携带方便、使用方法多样、控制罪犯牢固等特点。目前,警绳大体分为两种:一种是长警绳,长约5.5 m,直径约0.5 cm,主要用于捆绑被执行死刑的罪犯、重刑犯及押解罪犯;另一种为短警绳,长约1.5 m,直径约0.5 cm,主要用于快速捆绑抓捕罪犯。

二、警绳的佩带

1.折叠方法

将绳折半挂于食指上,拇指和小指张开,余绳牵至小指套挂,再斜挂于拇指上形成"8"字形,来回重叠缠绕至全绳的1/3处,将绳取下握住,从另一端抽挂于食指上的半轮,使之两端长于其余之半轮,余绳再从挂于食指之半轮一端缠绕,缠绕毕,以末端之绳折一半轮,穿入长套内,从一端抽紧即成(图3-3-1、视频3-3-1)。使用时,抽出末端半轮即解。

视频3-3-1

2.佩带方法

将折叠好的警绳佩带在单警制式腰带的警绳包里。

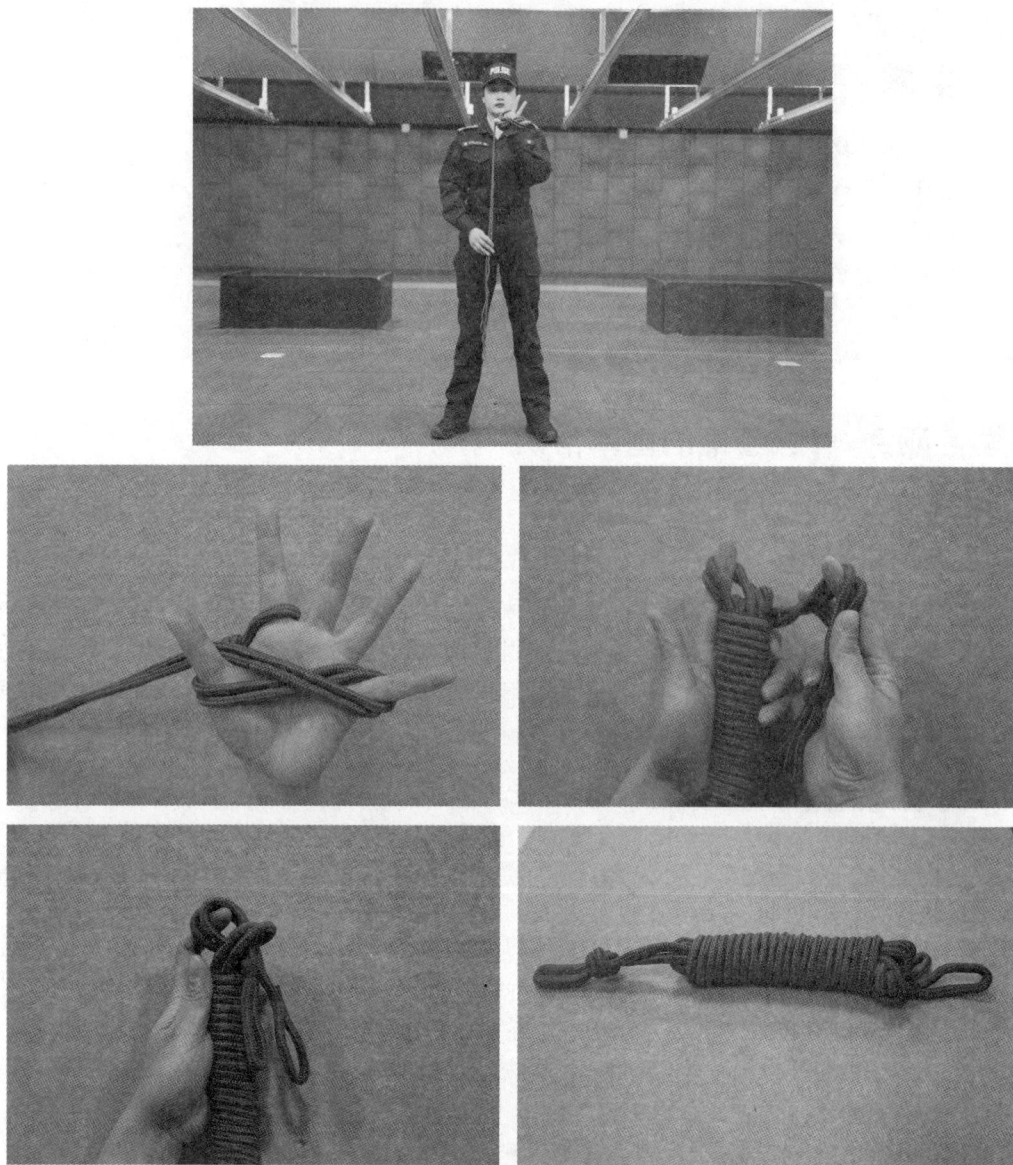

图 3-3-1 警绳折叠方法

三、警绳使用的条件

警绳主要在押解罪犯时或者抓捕脱逃罪犯没带手铐的情况下使用。警绳也可和手铐一起使用。使用警绳时，不得故意造成罪犯人身伤害。警绳易被解开或磨断，因此在监狱内一般禁止使用警绳。

四、警绳使用的基本要求

（1）捆绑前，应先实施有效控制。

（2）捆绑时，应特别注意对方的反应，谨防其突然反抗。

（3）动作要熟练、迅速，捆绑要牢固、结实，防止对方挣脱。

（4）对颈部、手指的捆绑应松紧适度，不宜过紧。

五、警绳常用术语

（1）蛇口：警绳一端固定的小圈（图3-3-2）。

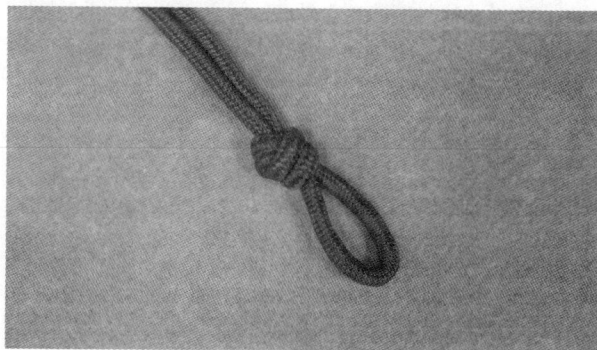

图3-3-2　蛇口

（2）半轮：将绳折回形成的半轮（图3-3-3）。

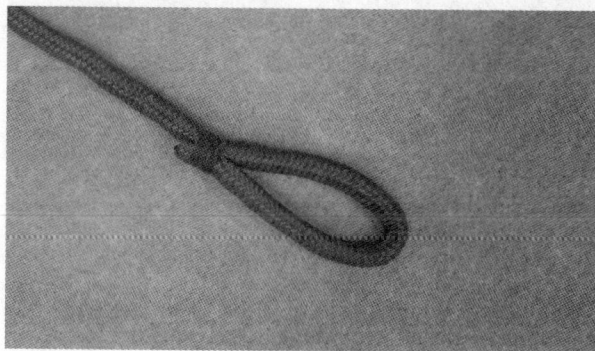

图3-3-3　半轮

(3)单结：只系一扣的结(图3-3-4)。

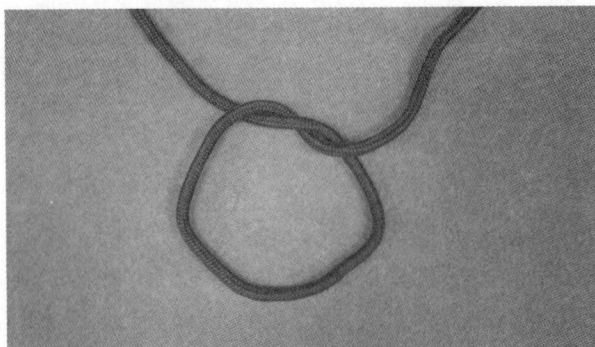

图3-3-4　单结

(4)捕轮：穿入蛇口形成的轮(图3-3-5)。

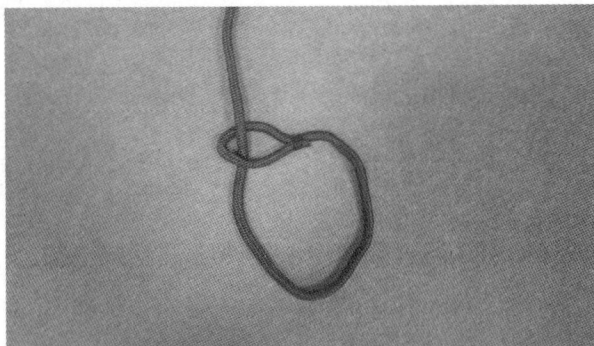

图3-3-5　捕轮

(5)引轮：活扣(图3-3-6)。

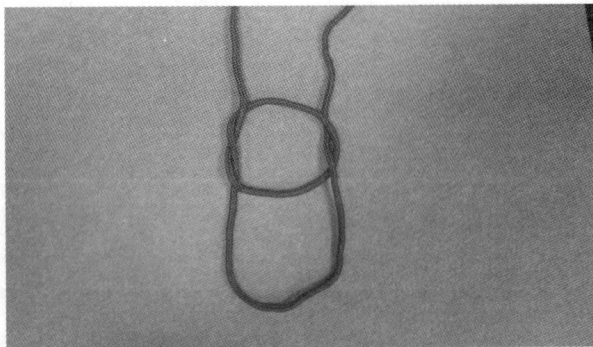

图3-3-6　引轮

（6）活轮：活套（图3-3-7）。

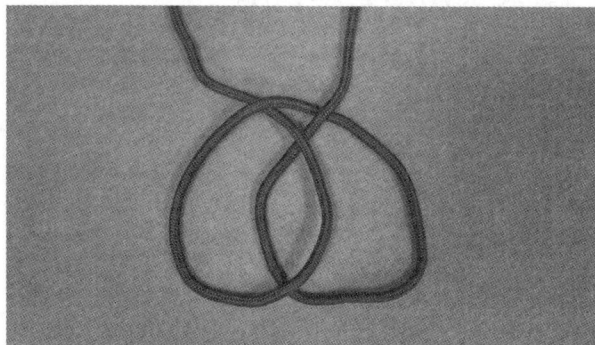

图 3-3-7 活轮

（7）死结：固定性较强的结（图3-3-8）。

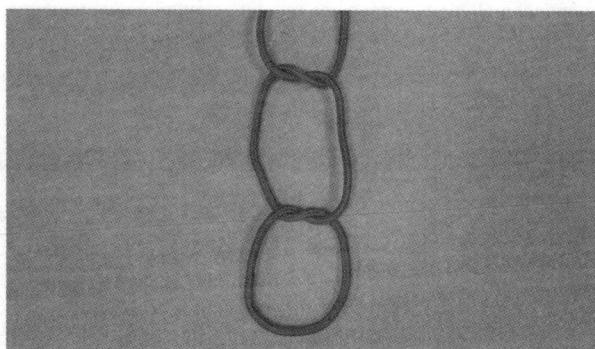

图 3-3-8 死结

（8）蝴蝶结：将绳折半打成一活轮，然后将两绳圈交叉，互从圈内穿过抽出即可（图3-3-9）。

图 3-3-9 蝴蝶结

【学习项目二】 警绳使用的基本技术

一、长警绳的使用技术

1.押解绳捆绑技术

【动作要领】将绳折半,在折半这端打一蛇口。令罪犯两脚分开站立或跪下,警察立于罪犯侧后方,右脚外侧顶罪犯右脚外侧以作防卫。将蛇口置于罪犯颈后,两绳分开由胸前交叉,经腋下在罪犯两大臂上缠绕2~3圈后,余绳从内圈穿过成活轮;再将两绳交叉穿过活轮在背后打一单结,余绳穿过蛇口抽紧打一引轮即成(图3-3-10)。押解绳适用于长途押解和控制罪犯,其操作简便,结合手铐使用,既不影响罪犯的必要活动,罪犯又不易逃脱。

【动作要求】捆绑松紧要适度,每隔半小时松一次绳,勿打开手铐。

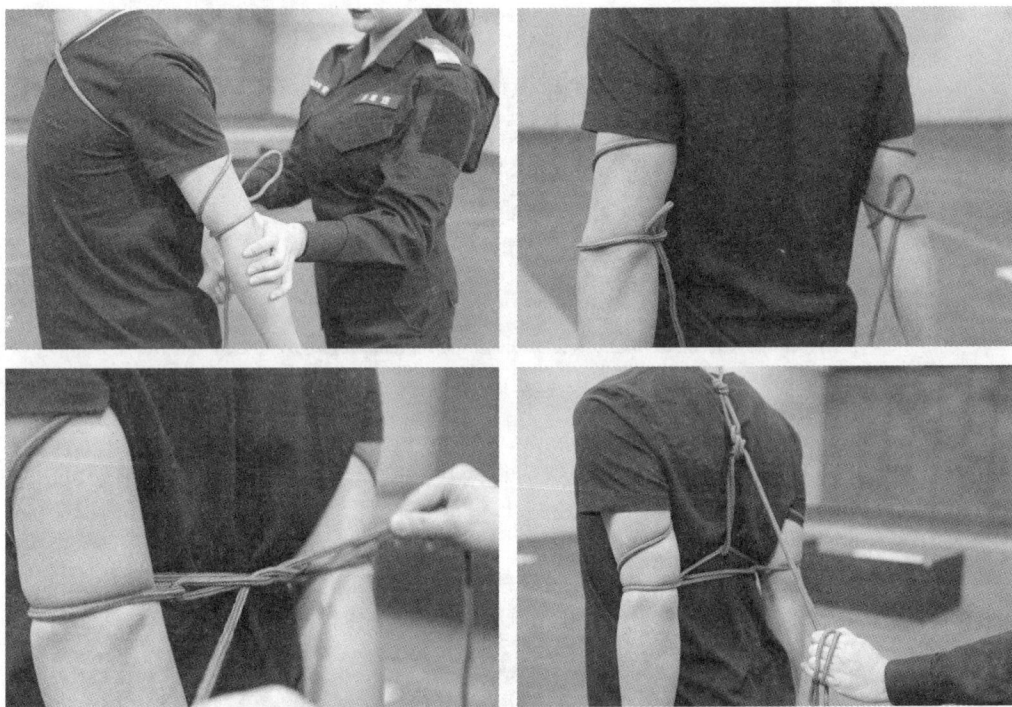

图3-3-10 押解绳捆绑

2. 执行绳捆绑技术

【动作要领】将绳折半，在折半这端打一蛇口。令罪犯两脚分开站立或跪下，警察立于罪犯侧后方，以脚外侧紧顶罪犯脚外侧。将蛇口置于罪犯颈后，两绳分开由前向后、由上向下地在罪犯两臂上缠绕4~5圈，绳头从腕关节上的最后一圈下穿过，再将罪犯两手拧在背后合在一起，两绳交叉在罪犯手腕上缠绕2圈，打一单结，然后将警绳在两手臂间横向打一单节，把余绳结合在一起，穿入蛇口孔内，用手向上猛托罪犯手臂，将绳拉紧，作一难结，留一引轮套于罪犯脖子上即成(图3-3-11)。执行绳是对执行死刑的罪犯使用，使用时要特别注意提高警惕，防止罪犯做垂死性报复，一般可结合脚镣使用。

【动作要求】捆绑时要用力缠绕，脖子上的引轮松紧要适度。

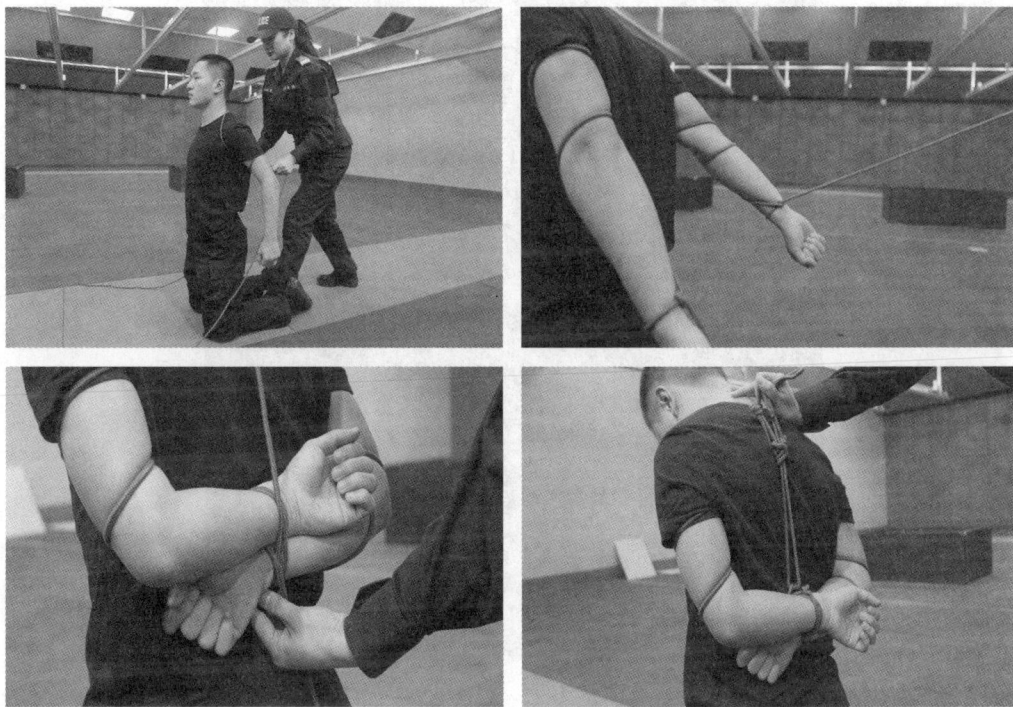

图 3-3-11　执行绳捆绑

3. 腰手绳捆绑技术

【动作要领】将绳折半，在折半这端作一活轮。令罪犯两脚分开站立，警察位于罪犯右侧，用活轮套住罪犯右手腕，抽紧打一难结，余绳穿过难结孔，在绳内35 cm处作一活轮向后绕，套在罪犯右手腕上，抽紧打一难结，再将绳由前绕过，在罪犯左手腕上缠绕两圈，打一死结即成。余绳放于罪犯裤兜里，令罪犯双手插入裤兜。腰手绳主要用于押解罪犯，其特点是捆绑简单、绳不外露。

【动作要求】保持警力优势，语言控制，动作迅速、连贯。

二、短警绳的使用技术

腕部捆绑技术

【动作要领】将罪犯控制, 迫使其分腿跪下或分脚站立, 将罪犯双手反拧至背后, 双手取警绳的中间部位, 将绳折半形成活轮, 将活轮套在罪犯两手腕关节处, 拉紧打一单结即可; 或将活轮套在罪犯双腕关节处, 拉紧后再由其两手背之间穿过打一单结, 形成十字交叉, 然后系紧成死结即可(图 3-3-12)。腕部捆绑主要用于控制捕获的罪犯。

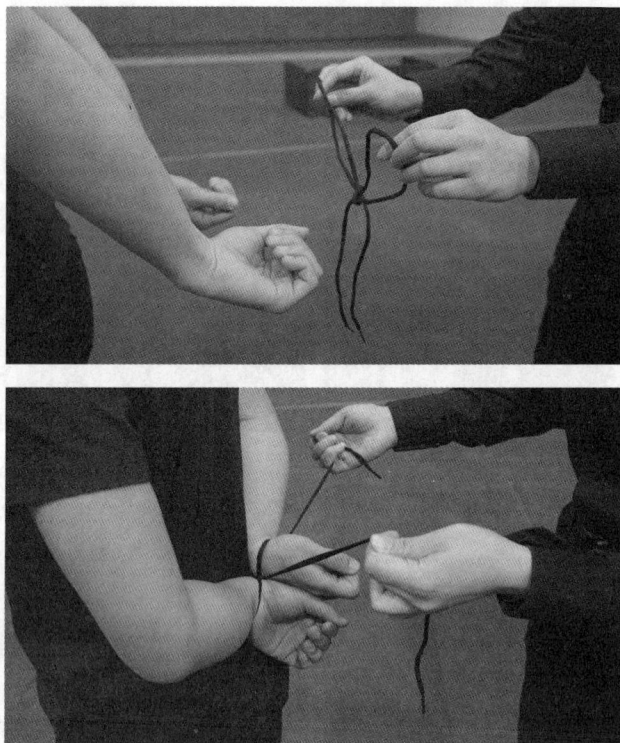

图 3-3-12   腕部捆绑

三、简易器材使用技术

在碰到没有佩带警械的特殊情况下, 抓捕和押解罪犯可以用简便器材进行捆绑。但此法不够牢固, 要加强捆绑后的协控, 防止罪犯逃脱。

1.腰带捆绑技术

【动作要领】将罪犯制服后，将其双臂拧至背后，用腰带在其两大臂上缠成"8"字形，拉紧即可（图3-3-13）。腰带捆绑多在无警械的情况下使用，解下罪犯的腰带可令其两手上提裤子，使其行动不便。

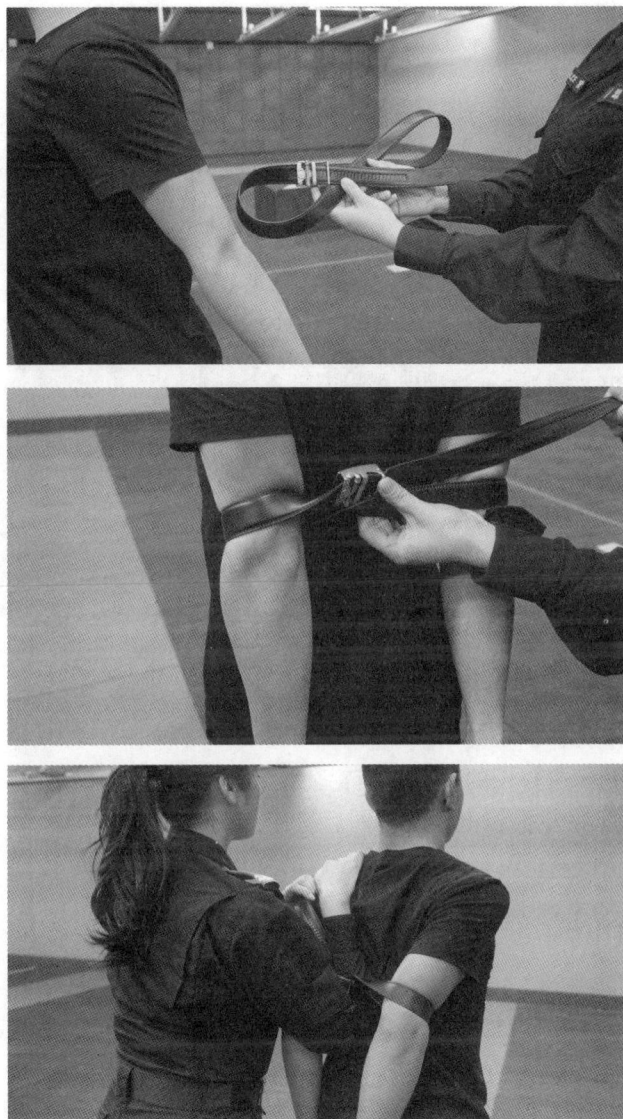

图 3-3-13　腰带捆绑

2. 鞋带捆绑技术

【动作要领】命令罪犯双手背于腰后，掌背相对，两拇指并在一起，用鞋带等在其腕关节或拇指上缠绕数圈，打一死结即成(图 3-3-14)。

【动作要求】注意松紧，防止捆得太紧而导致组织坏死。

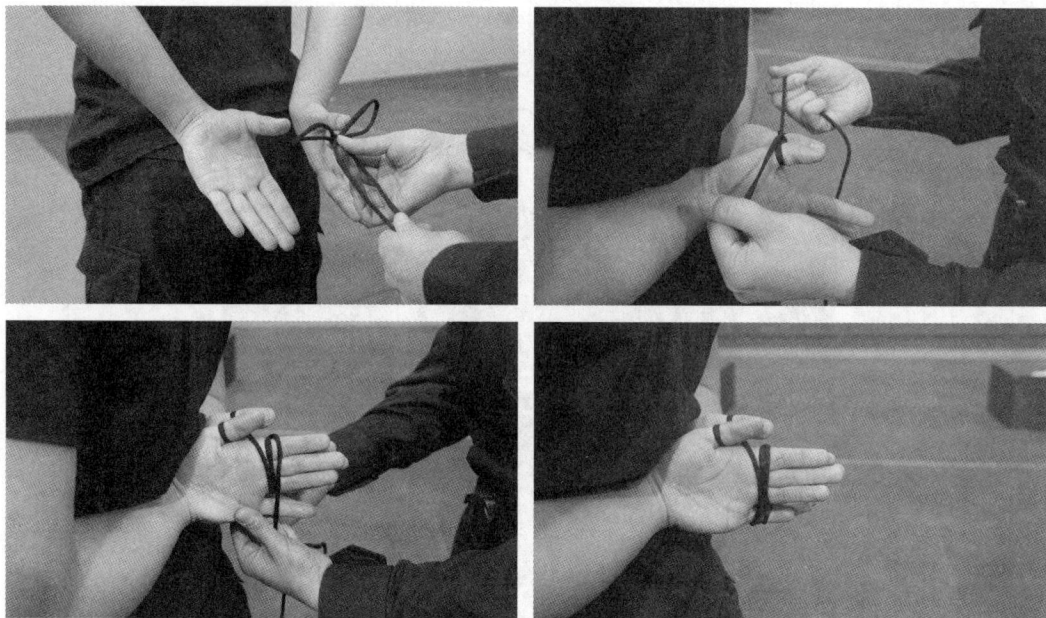

图 3-3-14　鞋带捆绑

3. 其他短绳捆绑技术

【动作要领】用 1 m 左右长的绳打一捕轮套在罪犯右手腕上抽紧，在罪犯颈上缠绕一圈成"8"字形，余绳在罪犯左手腕上缠绕两圈后打成一死结即成。

【动作要求】注意松紧，观察罪犯手部颜色的变化。

四、警绳使用情境

(一)乘轮船押解

(1)乘轮船押解时，事先应与船长和乘警取得联系。

(2)上船后，押解警察应将罪犯安置在乘客来往不多的边角位置，自己坐在便于控制罪犯的有利位置上。

(3)押解警察应合理分工，轮流休息。晚上要特别注意，严防罪犯趁黑夜跳水潜逃或自杀。

(4)上下船时，对罪犯实施押解绳捆绑。押解警察应前后分布，后者牵紧押解绳，并先(后)于乘客上下船，以免拥挤而发生意外。

(二)乘飞机押解

(1)乘飞机押解时,事先应与有关部门取得联系,办理登机手续,要做到先上后下。

(2)上机前,对罪犯进行腰手绳捆绑或加戴手铐并加以掩饰,按乘机规定将武器交机组人员保管。

(3)上机后,把罪犯安置在后排中间位置上,扣上安全带,押解警察分布在其左右座位上留意看押。

(4)下机后,取回武器,将罪犯迅速押离机场。

(三)徒步押解

(1)徒步押解时,押解警察一般位于罪犯左(右)后侧跟进,距离罪犯2~3 m。

(2)途中应注意掩盖警械,尽量避开闹市区和人烟稠密的地方,以防罪犯同伙劫夺。必须通过时,应对罪犯进行押解捆绑后再加戴铐具。

(3)押解警察分布在罪犯的前、后,后者牵住绳头,前者辟出道路,并密切注意两侧动态。

(4)通过悬崖、隘口、桥梁、渡口、林区、河边、山路等复杂地形时,要密切注意,防止罪犯逃跑、行凶或自杀。

(5)途中需要住宿时,应按预定方案将犯人羁押至附近监所或商请当地政府协助看守,押解警察不得离开。

(四)乘火车押解

(1)乘火车押解时,事先应与车站工作人员和公安部门取得联系,要求给予方便,提前进站,防止乘客围观和罪犯同伙劫夺。

(2)上车后,应主动与乘警和列车工作人员取得联系,尽可能将罪犯安排在最后一节车厢靠近厕所的座位上,以减少围观和外界接触。

(3)将罪犯安置在中间位置,使其不能靠近窗口和门口,并将其单手铐在座位脚上或茶几脚上,要经常检查手铐。

(4)罪犯进入厕所大小便,不准关门。

(5)饮水用餐,应请服务员送到座位上,尽量减少罪犯在车内走动的机会。

(6)列车进出站、减速行驶和临时停车时,要严密控制门窗,防止罪犯跳窗或自杀。

(7)中途转车或终点站下车时,一般在乘客下车后再下。如转车不需要过夜,可在候车室或车站派出所内看管;如时间较长,可暂交当地公安机关羁押。

(五)乘公共汽车押解

(1)乘公共汽车押解时,事先应与交通部门取得联系,争取先上车、后下车。

(2)尽量把罪犯安排在后排中间位置上,不得安排在窗口、门口,以便于观察和防卫。

(六)警车押解

(1)可令罪犯坐于后排中间,警察坐在两侧,捆绑后加手铐背铐,可给罪犯蒙上眼罩。

(2)也可将罪犯捆绑后直接置于警车后的押解室,安排两名或一名警察坐于后排监控。

学习模块四　警用防暴枪械

📝 学习任务一　枪支安全规范操作程序

学习目标

1. 牢记武器使用安全法则。
2. 熟练掌握安全验枪程序。
3. 熟知枪支弹药的安全管理。
4. 养成良好的安全规范、使用枪支的行为习惯。
5. 养成规范意识、警察的令行禁止意识，敬畏生命、敬畏职责、敬畏规章。

关于使用警用武器的教学，必须重视的问题就是安全问题。动枪首先要验枪（对枪支的安全检查）。验枪是一项保证安全的重要措施，特别是空枪预习前、实弹射击后和分解武器前一定要认真检查枪膛、弹匣内有无实弹。警察不仅要熟练掌握验枪的动作方法，而且要养成良好的验枪习惯。警务实战教官在教学过程中，两项重要的教学内容就是武器的安全操作和武器管理。

【学习项目一】 武器使用安全法则

使用武器时，一定要牢记以下三条基本安全法则。

第一条

永远都要将自己手中的枪支当成有弹并已上膛，哪怕有人递给你一把确信没有子弹的枪；你拿到手首先是检查枪支是否安全，哪怕是一把模拟训练枪。

第二条

不要在没决定射击的那一刻把食指放在扳机上，这不仅是安全法则更是一名警务人员的素养,哪怕手里拿着的是玩具枪。这一条也是教官在教学过程中识别新手和没有安全观念的射手的最直接的方法。

第三条

永远不要将枪口指向不是你射击目标的任何人和物,枪口永远指向你的目标或相对安全的方向。

【学习项目二】 验枪

视频4-1-1

验枪步骤如下(视频4-1-1)。

第一步

听到出枪命令时,强手迅速拔枪持枪,呈胸前指向戒备姿势(图4-1-1)。

图4-1-1 持枪戒备

第二步

强手持枪,弱手大拇指卸弹匣,检查弹匣里是否有子弹(图4-1-2)。

第三步

用弱手大拇指打开保险(图4-1-3)。

图4-1-2 检查弹匣

图4-1-3 打开保险

第四步

用弱手大拇指向后扳击锤。

第五步

用弱手后拉套筒 1~2 次, 用眼睛检查弹膛内有无子弹(图 4-1-4)。

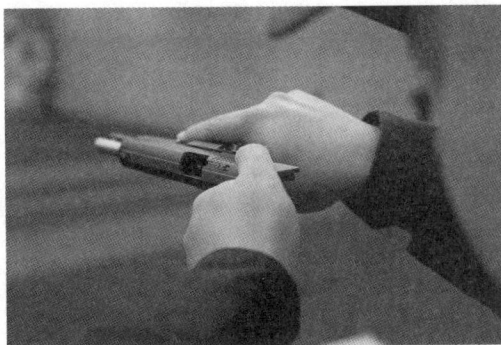

图 4-1-4　后拉套筒

第六步

回放套筒。

第七步

利用关保险让击锤复位(根据不同枪型选择不同的操作方式)。

第八步

用弱手装弹匣。

第九步

将枪装入枪套或双手持枪戒备(根据实际需要进行)。

学习任务二　警用武器的基本常识

学习目标

1. 熟知常用警用武器技术指标。
2. 掌握常用警用武器的性能。
3. 熟练操作常用警用武器的分解结合。
4. 掌握常用警用武器的故障和排除。
5. 熟知各种枪型的各项性能及指标，养成规范意识、警察的令行禁止意识，敬畏生命、敬畏职责、敬畏规章。

【学习项目一】　警用武器的种类和技术指标

一、警用武器的种类

警用武器是指"人民警察按照规定装备的枪支、弹药等致命性武器"。目前监狱警察配备的警用武器分为杀伤性和非杀伤性两种。常用的警用武器有自动步枪、轻型冲锋枪、手枪、防暴枪、电击枪、催泪枪、网枪等。

二、常用警用武器技术指标

常用警用武器技术指标见表4-2-1。

表4-2-1　常用警用武器技术指标

枪种	92式手枪	05式转轮手枪	64式手枪	77式手枪	79式轻型冲锋枪	95式自动步枪	97式防暴枪
口径/mm	9	9	7.62	7.62	7.62	5.8	18.4
有效射程/m	50	50	50	50	200	400	杀伤弹50 m；动能散弹、痛快弹35 m；催泪弹50 m

续表4-2-1

枪种	92式手枪	05式转轮手枪	64式手枪	77式手枪	79式轻型冲锋枪	95式自动步枪	97式防暴枪
发射方式	单动、联动	单动、联动	单动、联动	单动、联动	单点、短点射及连发	单点、短点射及连发	单发
全枪重/kg	0.76	0.7	0.56	0.5	1.9	3.3	2.65
最准基线/mm	152	108	117.2	127	215	325	535
弹种	DAP9式9 mm普通弹、9 mm×19 mm巴拉贝鲁姆手枪弹	9 mm转轮手枪弹、9 mm转轮手枪橡皮弹	64式7.62 mm手枪弹	64式7.62 mm手枪弹	51式7.62 mm手枪弹	95式5.8 mm普通弹、95式5.8 mm曳光弹	杀伤弹、动能散弹、痛快弹、催泪弹、染色弹
弹匣容量/发	15	6	7	7	20	30	5
寿命/发	>3000	>3000	>3000	>3000	5000	10000	>3000

【学习项目二】 手枪

一、手枪的基本知识

手枪是目前人民警察最常见的枪械装备之一。目前配发的手枪枪型有：92式手枪(图4-2-1)、77式手枪(图4-2-2)、64式手枪(图4-2-3)、05式转轮手枪(图4-2-4)。手枪的火力能杀伤50米以内的单个目标。

图4-2-1　92式手枪

图4-2-2　77式手枪

图 4-2-3　64 式手枪

图 4-2-4　05 式转轮手枪

二、分解与结合的目的和要求

1. 分解与结合的目的

(1)枪支的保养、擦拭、上油。

(2)检查、排除故障。

(3)学习武器的构造原理。

2. 分解与结合的要求

(1)分解前必须验枪。

(2)分解与结合必须按要领进行，不要强敲硬卸。

(3)分解下来的机件应按顺序放在干净的物体上。

(4)除教官所讲内容外，未经许可，不准分解其他机件。

(5)结合完毕，须向后拉枪机 1~2 次，检查机件结合是否正确(视频 4-2-1)。

视频4-2-1

三、故障与排除

(一)顶弹

【故障原因】弹匣口部变形；托弹板运动不灵活；导弹斜面有损伤。

【排除方法】卸下弹匣，向后拉套筒，抛出膛内枪弹或从枪底把下掉出；修复抱弹口或更换新托弹簧；修整托弹板，擦拭托弹板并涂油；修复导弹斜面。

(二)不送弹(空膛)

【故障原因】弹匣松动；弹匣过脏或损坏；枪机过脏或损坏。

【排除方法】拉套筒后坐到位后再次推弹上膛；检查弹匣是否安装到位；擦拭或更换弹匣；擦拭或更换套筒。

(三)卡壳

1.不抽壳

【故障原因】弹膛过脏；拉壳钩、拉壳钩簧过脏或损坏。

【排除方法】拉套筒向后，抛出弹壳，使套筒重新向前推弹入膛；擦拭弹膛；清理、修复或更换拉壳钩；更换拉壳钩簧。

2.复进不到位

【故障原因】弹膛过脏；运动机件过脏；复进簧损坏。

【排除方法】推套筒向前，辅助推弹入膛；更换复进簧；擦拭运动机件，修复或更换破损件。

3.瞎火

【故障原因】瞎火弹；击针或击针簧损坏；击发发射机构失效。

【排除方法】排除瞎火弹；更换击针或击针簧；擦拭涂油并检查击发发射机构，修复或更换破损件。

4.供双弹

【故障原因】弹匣抱弹口变形；弹匣和枪支不匹配。

【排除方法】卸下弹匣，轻拉或敲击套筒，使挤紧的两发枪弹松动，取出枪弹；修复弹匣抱弹口或更换弹匣。

【学习项目三】 轻型冲锋枪

一、轻型冲锋枪的基本知识

轻型冲锋枪是战斗性能介于自动步枪与手枪之间的轻型自动武器，能以单发和点射火力杀伤 200 m 以内的有生目标。79 式轻型冲锋枪(图 4-2-5)简称 79 式冲锋枪是我国人民警察主要的轻型冲锋枪装备之一。

79 式冲锋枪是我国自行设计的一种轻型自动武器，于 1979 年 9 月设计定型，1984 年 5 月生产定型，配用 51 式 7.62 mm 手枪弹。它具有结构简单、

图 4-2-5　79 式轻型冲锋枪

体积小、重量轻、精度好、近距离火力强、携带使用方便的特点。

该枪采用导气式自动原理，采用枪机回转式刚性闭锁机构，回转式击锤，快慢机控制单、连发的击发机构，设有到位保险。

该枪采用活塞短行程导气自动方式，射速高，后坐力较小，便于射击，单、连发射击均具有良好的射击精度。该枪枪身短、操作灵活、反应快，弥补了手枪、步枪存在的不足。

二、故障与排除

(一)不送弹(空膛)

【故障原因】弹匣没有安装到位;弹匣过脏或损坏;枪机过脏或损坏。

【排除方法】检查弹匣是否安装到位;检查弹匣,清除异物;擦拭或修复枪机。

(二)卡壳

【故障原因】拉壳钩或拉壳钩簧过脏或损坏;抛壳挺损伤;枪机运动不灵活或机匣、枪机上有异物。

【排除方法】卸下弹匣,向后拉拉机柄,取出卡滞的弹壳;修复或更换拉壳钩;更换拉壳钩簧;修复抛壳挺;擦拭机件并涂油。

(三)不抽壳

【故障原因】枪机、机匣、弹膛及火药气体通路过脏;枪机后座不到位;拉壳钩或拉壳钩簧过脏或损坏。

【排除方法】卸下弹匣,枪机重新闭锁,再向后拉拉机柄,抽出卡滞弹壳;如弹壳未抽出,取出枪机,用通条从枪口将弹壳捅出;擦拭过脏机件;清理、修复或更换拉壳钩;更换拉壳钩簧。

(四)不击发

【故障原因】击锤簧失效,击锤运动阻力大;击针损坏;机匣、枪机、发射机上有异物。

【排除方法】更换新击锤簧;修复或更换击针;擦拭机件并涂油。

(五)不连发

【故障原因】气体调节塞安装不正确;导气箱、枪机或机匣过脏。

【排除方法】正确安装气体调节塞;擦拭过脏机件。

(六)复进不到位

【故障原因】弹膛、机匣、枪机、复进机过脏或枪油凝结。

【排除方法】推枪机到位;擦拭过脏机件;更换弹匣。

【学习项目四】 自动步枪

一、自动步枪的基本知识

QBZ 95 式 5.8 mm 自动步枪(简称 95 式自动步枪)是我国自行研制、生产定型的小口径自动步枪。它于 1987 年开始研制,1995 年设计定型,1997 年首批装备驻香港部队。该枪采用无托型结构，导气式自动方式，具有长度短、重量轻、射击精度好、造型美观、防腐性能好、便于携行和操作等特点。主要配用 DBP 95 式 5.8 mm 普通弹、曳光弹，还可配用光学瞄准镜。

该枪是步兵单兵使用的自动武器，能以火力杀伤 400 m 以内的敌人，可发射枪榴弹杀伤集团有生目标，毁伤轻型装甲目标及野战掩体，必要时还可安装刺刀进行格斗。该枪还可配置防暴榴弹发射器发射防暴榴弹，适用于警察处置重大暴恐事件和突发性群体暴乱事件。

二、95 式自动步枪的操作方法

(一)验枪

(1)卸下弹匣，旋转快慢机分别置于发射位置"1"或"2"，向后拉动枪机框，检查膛内是否有枪弹。

(2)射击前仔细检查枪械标尺装定是否正确，枪管、弹匣、击发机、机匣内是否有异物；检查枪械装配是否正确，确定无漏装及错装；旋转快慢机分别置于发射位置"1"或"2"；空枪拉动枪机框并扣动扳机，检查机构动作是否正常。

(3)将快慢机置于保险位置"0"。平时应使击锤处于解脱状态，但必须确保弹膛内无枪弹，并将快慢机扳在保险位置。禁止扣住扳机去变换快慢机位置。

(二)装弹

(1)旋转快慢机，置于保险位置"0"。

(2)卸下弹匣，弹匣口向上，双手协力将枪弹压入弹匣。

(三)射前准备

(1)将快慢机置于保险位置"0"。

(2)将装好枪弹的弹匣由机匣的弹匣槽插入并使弹匣挂口与机匣上的弹匣卡榫扣合，当听到"咔嗒"的声音时，即表示弹匣安装到位。在安装弹匣的过程中，保持枪口指向安全的方向，且手指不触碰扳机。弹匣装上后，轻轻前后摇动以确保弹匣被牢固锁紧。

(3)保持枪口指向一个安全的方向，手指不要触碰扳机，根据射击目的将快慢机旋转至发射位置"1"或"2"。

(4)手拉枪机框至最后位松开，枪机在拉壳钩簧的作用力下向前移动，并推弹上膛，准备射击。

(四)射击

(1)瞄准目标，手指放入护圈内的扳机上。

(2)扣扳机击发第一发枪弹，枪械在火药气体的作用下，完成开锁、抽壳、抛壳等动作。

(3)机匣左侧的快慢机可以扳动三个位置："0"是保险位置，"1"是单发射击位置，"2"是连发射击位置。如果快慢机在位置"1"则为单发模式，松开扳机后再次扣动扳机，枪械将会再次击发，以同样的方式进行射击直至枪弹射击完毕；如果快慢机在位置"2"则为连发模式，枪械将连续进行射击直至松开扳机或枪弹射击完毕。

（4）射击结束后将快慢机置于保险位置"0"。

（5）向前按压弹匣卡榫，卸下弹匣。

（6）将快慢机置于发射位置"1"或"2"，手拉枪机框至最后位，检查弹膛，确保弹膛里面没有枪弹。如果弹膛里面有枪弹，这个动作可能会将枪弹抛出。

（7）释放枪机和击锤，将快慢机置于保险位置"0"。

（8）检查弹匣，如果弹匣内有未射击完的枪弹，将其取出。

(五)气体调节塞的使用

该枪气体调节塞设有三个位置，供在不同使用条件下选用："0"为闭气位置，在导气箍正中间，供发射榴弹时使用；"1"为小气孔，为常用导气孔，在正常条件下使用；"2"为大气孔，在"1"号导气孔能量不足，或下雨、风沙、泅渡等恶劣条件下使用。

变换气体调节塞时，先按下气体调节塞卡榫使其脱出定位槽，然后旋转调节塞到所需位置即可。气体调节塞卡榫一定要卡在导气箍上相应的定位槽内。

(六)快慢机的使用

该枪快慢机共有三个位置，即保险位置"0"、单发位置"1"和连发位置"2"。使用时扳动快慢机扳柄，绕轴转动到所需位置即可。枪械使用后应验枪，并扣扳机击发，使击锤处于解脱状态，再将快慢机置于保险位置。

(七)瞄准装置的使用

（1）机械瞄具。该枪机械瞄准装置采用觇孔式瞄具，表尺分划有1、3、5三个码，分别表示射程为 100 m、300 m、500 m 的射击瞄准位置。

（2）简易夜瞄装置。简易夜瞄装置是由表尺上方涂有荧光粉的小孔（准星）与准星护圈两边涂有荧光粉的两个小孔（表尺）构成。使用时，准星荧光粉亮点、表尺上荧光粉亮点间中点与目标构成一线。

（3）光学瞄准镜。该枪表尺座上设置有光学瞄准镜安装座，可安装光学瞄准镜。

三、故障与排除

(一)顶弹

【故障原因】弹匣内有异物或没有安装到位；枪机运动有卡滞。

【排除方法】卸下弹匣，拉枪机框向后，将枪弹倒出；检查弹匣，清除异物；更换弹匣卡榫；擦拭机件并涂油。

(二)不送弹(空膛)

【故障原因】弹匣没有安装到位；弹匣过脏或损坏；枪机过脏或损坏；气体调节塞堵塞。

【排除方法】检查弹匣是否安装到位；检查弹匣，清除异物；擦拭或修复枪机；用铰刀清理导气孔并清除气体调节塞气室内的异物。

(三)卡壳

【故障原因】拉壳钩损坏；拉壳钩簧损坏；抛壳挺损伤；枪机运动不灵活或机匣、枪机上有异物。

【排除方法】卸下弹匣，向后拉住枪机框取出卡滞的弹壳；修复或更换拉壳钩；更换拉壳钩簧；修复抛壳挺；擦拭机件并涂油。

(四)不抽壳

【故障原因】枪机、机匣、弹膛及火药气体通路过脏，枪机后座不到位；拉壳钩过脏或损坏；拉壳钩簧损坏；气体调节塞安装不到位。

【排除方法】卸下弹匣，枪机重新闭锁，再向后拉动枪机框，抽出卡滞弹壳；如弹壳未抽出，取出枪机，用通条从枪口将弹壳捅出；擦拭过脏机件；清理修复或更换拉壳钩；更换拉壳钩簧；检查气体调节塞是否安装到位。

(五)扳机不复位

【故障原因】机匣、枪机、发射机上有异物。
【排除方法】卸下弹匣，取出弹膛内枪弹；擦拭机件并涂油。

【学习项目五】 防暴枪

一、防暴枪的基本知识

防暴枪是一种配备弹种多、应用范围广、适应性强的多用途防暴武器，主要用于驱散近距离的群体目标和杀伤、制服违法犯罪人员。目前，我国人民警察主要装备97式18.4 mm防暴枪、97-1式18.4 mm防暴枪(简称97式防暴枪，图4-2-6)、97-2式18.4 mm防暴枪。防暴枪使用时既可配备杀伤弹，也可配备非致命的动能弹、痛快弹、催泪弹、染色弹、布袋弹等弹种。

该系列防暴枪主要装备公安机关及《中华人民共和国枪支管理法》规定的金融、仓储、科研、司法等需配备公务用枪的有关部门。目前，世界上很多国家将防暴枪装备到特种部队和执法机构，在城市巷

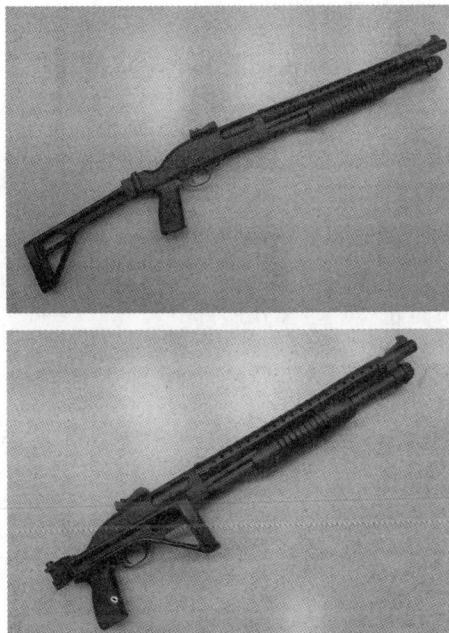

图4-2-6　97式防暴枪

战、近距离格斗和警察强制执法中发挥了重要作用。

二、防暴枪的操作方法

以 97 式防暴枪为例。

(一)验枪

(1)身体侧对前方站立,关闭扳机保险。

(2)右手食指压下到位保险,左手握前手柄向后拉到位,通过抛壳窗观察枪膛、弹仓内是否有弹。

(3)确认无弹后推前手柄到机前位,使枪处于待装填状态,扣压扳机进行一次空枪击发。

(4)验枪结束后,关闭枪膛,恢复持枪姿势。

(5)验枪时,枪口指向安全方向,向前推手柄时不要压到位保险。

(二)装弹

(1)左手握前手柄或护木,将后手柄反放于右侧肩部或靠在右侧腰部,枪口指向安全方向。

(2)右手取出枪弹,弹底朝后,用枪弹头部托起输弹器,将枪弹推入弹仓,直到听到"咔"的一声,说明枪弹装填到位。

(3)弹仓内装满弹药后,压下到位保险,后拉前手柄到位,再推前手柄到位,即完成推弹入膛,枪已处于待击发状态。

(三)瞄准与射击

(1)瞄准。该枪的瞄准系统由固定准星与照门构成,瞄准方法与步枪相同,即照门、准星、目标构成"三点一线"。97 式防暴枪表尺有 1、2、3 三个分划,根据选用弹种和射程的不同,表尺的选择方式也不同。

(2)射击。打开扳机保险,瞄准目标后,扣压扳机即完成击发。压下到位保险,后拉前手柄到位,完成抽壳和抛壳,再推前手柄到位,即可进行下一发弹药射击。停止射击后,应立即关闭扳机保险。用 97 式防暴枪精确瞄准射击时,后手柄距面部的距离应在 20 cm 以上,防止枪后坐撞伤脸部。

(四)退弹

射击结束后,应将剩余枪弹退出并妥善保管。退弹时应将枪口指向安全方向。退弹结束后应验枪,确保枪中无弹。

(1)退出膛内枪弹。关闭扳机保险;右手握机匣后部,食指按压到位保险,左手向后拉前手柄,膛内枪弹被拉出;从抛壳窗中取出膛内枪弹。

(2)退出弹仓内枪弹。取出膛内枪弹后,右手食指推起输弹器并挡在弹仓口,左手将前手柄向后拉到位,即可退出弹仓中的一发枪弹。

三、故障与排除

(一)装弹不到位

【故障原因】弹膛过脏。
【排除方法】擦拭弹膛,重新填弹。

(二)卡弹

【故障原因】弹膛过脏;输弹器抬起高度不够;退壳挺座变形。
【排除方法】擦拭弹膛;将前手柄向后稍退一段距离,再向前推就可以顺利上弹;检查变换挺是否失灵,失灵则更换变换挺;更换退壳挺座。

(三)空膛(不出仓)

【故障原因】弹仓中有异物或灰尘、油渍过多;弹仓簧失效;输弹帽变形卡滞。
【排除方法】擦拭弹仓,涂油不宜过量以免挂灰;更换弹仓簧;更换输弹帽。

(四)粘膛

【故障原因】连续射击后,弹膛过热,弹壳变形;弹膛过脏。
【排除方法】卸下枪管,清洁弹膛,待枪管冷却后再推弹上膛进行射击。

(五)不抽壳

【故障原因】弹膛过脏;枪管尾部受磕碰、重压产生变形;拉壳钩齿磨损;拉壳钩簧失效;退壳挺座前榫变形或断裂。
【排除方法】擦拭弹膛;更换枪管;更换拉壳钩;更换拉壳钩簧;更换退壳挺座。

(六)不抛壳

【故障原因】退壳挺片簧变形、断裂。
【排除方法】向后拉前手柄至极位,从抛壳窗中取出未抛弹壳;更换退壳挺片簧。

(七)不击发

【故障原因】前手柄向前没有推到位导致闭锁不完全。
【排除方法】稍用力向前推前手柄使之到位。

(八)瞎火

【故障原因】撞针损坏;击锤簧损坏;瞎火弹。
【排除方法】过10秒后退出该弹,更换弹药;更换撞针;更换击锤簧。

 学习任务三　持枪技术

1. 熟练掌握持枪技术动作。
2. 熟练掌握戒备姿势。
3. 熟练掌握训练方法。
4. 掌握并了解持枪的重要性,紧握在手的枪支就等同紧握着自己与他人的生命,要养成规范意识、警察的令行禁止意识,敬畏生命、敬畏职责、敬畏规章。

【学习项目一】　手枪的持握

持握手枪的方法是根据射击目的、要求而决定的。它可分为单手持握和双手持握。

一、单手持握

以强手(一般人是右手)虎口部位对准手枪握把的弯曲部分,右手拇指自然伸直贴于枪侧,用大、小鱼际和中指、无名指的合力握住手枪握把,食指自然伸直置于扳机护圈外侧(图4-3-1、视频4-3-1)。

视频4-3-1

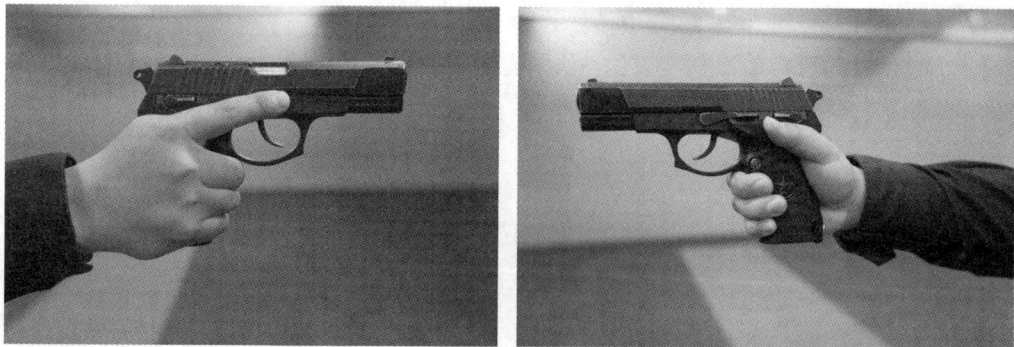

图4-3-1　单手持握

二、双手持握

双手持握是在单手持握的基础上，用另一只手从前面包住持枪手，两手形成包夹之力握住枪，以起到双臂支撑、帮助持枪手臂保持稳定的作用（图4-3-2、视频4-3-2）。

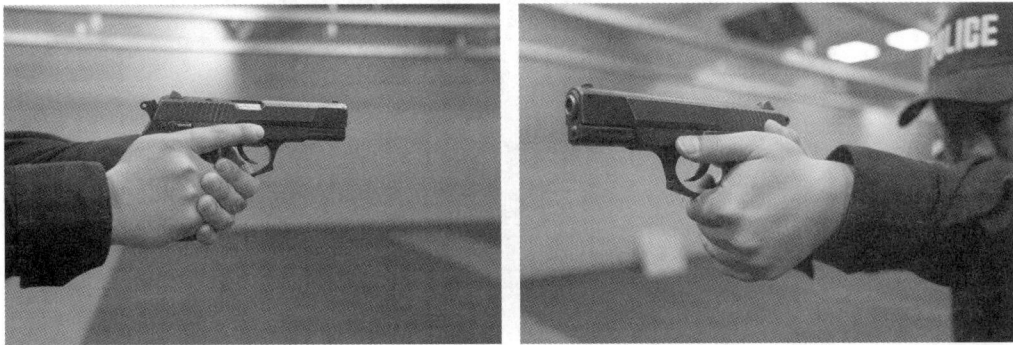

图 4-3-2　双手持握

【学习项目二】　持枪戒备姿势

一、高姿戒备

双手持枪于胸前，大小臂弯曲，两肘关节指向地面，枪与面颊保持30~40 cm，枪口指向前上方，眼睛观察前方，随时准备实施射击。此姿势适合于极狭窄的地方使用，如窄巷、住宅楼内等狭窄区域（图4-3-3）。

二、低姿戒备

双手持枪，持枪手臂伸直，大臂与身体夹紧，非持枪手前包或下托持枪手，手臂自然弯曲。枪口指向身前斜下方，两眼注视前方，随时准备抬臂射击。此姿势适用于宽阔的地段，如马路、街道空旷地等（图4-3-4）。

图 4-3-3　高姿戒备

图 4-3-4　低姿戒备

三、平肩戒备

双手持枪并前伸，手臂基本与肩平，枪口指向前方的观察区。一旦情况需要，可将枪迅速上提至视线水平位置射击。此姿势在具有高度危险的情况下使用(图4-3-5)。

图 4-3-5　平肩戒备

四、抵腰戒备

双手持枪并将枪置于右手侧的腰部位置，枪口指向前方观察区；也可用单手(强手)持枪并将枪置于同侧的腰部，枪口指向前方观察区，另一手平伸向前推开，掌心向前。此姿势适用于极狭窄的地方或可能突然与目标相遇或面对的情况下使用。

【学习项目三】 基础训练方法

一、基础训练

第一步：持枪练习

练习双手握枪时，要注意用适度的力量持握枪支；射击姿势可采用等腰三角形射击姿势或侧身威沃尔式射击姿势。

第二步：瞄准练习

在练习的开始可采用空手的拇指瞄准法，即右手握拳，左手成掌，用左手掌心由前向后包住右拳，左手的食指、中指、无名指以及小指第一、二关节包住右拳食指、中指、无名指以及小指的第三关节，两手腕相并，两拇指竖起作为"缺口"瞄准前方的目标。熟练后，据枪瞄准。

第三步：扣扳机练习

在前两步的基础上，练习双眼瞄准下的扳机扣动练习。首先是空枪练习，不限制时间，慢速、频率均匀地扣压扳机，然后逐渐加速，进行快速扣压扳机练习。在训练中要注意呼吸的配合。扣扳机击发练习时要注意击发前和击发后的准星与缺口的平正，要逐渐养成手腕的"平正锁定"能力，即持握手枪时在眼睛瞄准前，持枪手与相应的持枪小臂的姿势已经基本成一固定的"平正"直线姿势,一旦举枪指向目标,枪的准星与缺口都能基本平正而准确地指向目标。

第四步:实弹射击练习

在完成了空枪练习,掌握了动作要领后,即可进行固定靶近距离的单发和双发射击练习,进一步掌握瞄准区控制、扳机预压、扳机扣响、扳机松开与扳机再预压的技术,以及这些技术相互间的协调技巧。在进行实弹射击练习时,要养成瞄准的习惯,这样做一方面可以检查自己射击后的持枪稳定性,另一方面也符合实战对目标受弹情况进一步判明的需要,而且为连续击发做好了准备。

第五步:从戒备姿势到瞄准、击发的练习

此步练习,首先要掌握高姿戒备、低姿戒备等几种姿势的要领,并掌握从戒备姿势到射击姿势的变化要领。然后从空枪练习(姿势变化)到实弹射击(单发和双发)的步骤进行练习。

二、战术性更换弹匣训练

此训练首先要用没装子弹的弹匣做更换练习,然后用装有实弹的弹匣进行更换弹匣及装退子弹的练习,最后做实弹射击中更换弹匣的练习。

注:在实弹射击中,需要更换弹匣时,可以先退出空弹匣,用持枪手的小指与无名指夹住,然后取出实弹匣装入枪中;也可先取实弹匣,再退空弹匣,然后将实弹匣装入枪中,将空弹匣放入弹匣套内,最后持枪射击。

三、快速出枪训练

此阶段的训练是要求在实战状态下快速从枪套内取出武器,并将子弹上膛,将枪口指向目标,然后概略瞄准并在最短的时间内扣响扳机。此阶段训练分三步进行。

第一步:固定姿势出枪练习

首先是保持一定站姿后快速出枪瞄准练习。其次是快速出枪瞄准后,尽快空枪扣扳机练习。再次是快速出枪后,拉套筒上膛并瞄准练习。最后是快速出枪,拉套筒上膛并瞄准后,尽快空枪扣扳机练习。

第二步:姿势变化中快出枪练习

首先是从一定的姿势变成转身或跪姿等,同时快速出枪瞄准练习。其次是在姿势变化中,快速出枪瞄准,空枪扣扳机练习。再次是在姿势变化中,快速出枪、拉套筒上膛并瞄准练习,或是在姿势变化中,快速出枪、拉套筒上膛、瞄准,并尽快空枪扣扳机练习。最后是在走动中快速出枪、拉套筒上膛、瞄准并扣扳机练习。

第三步:实弹射击练习

首先是原地站立,快速出枪、拉套筒上膛、瞄准并射击(单发、双发)。其次是在姿势变化中和走动中急停,快速出枪、拉套筒上膛、瞄准并射击。最后是快速出枪、拉套筒上膛、选择瞄准并射击。选择瞄准并射击练习也分三步进行:一是原地进行射击;二是姿势变化中选择射击;三是走动中急停选择射击。

四、巩固强化训练

此阶段的训练任务是在掌握了武器的基本射击技术后，进一步掌握出枪及据枪瞄准技术动作。此阶段训练分五个单元进行。

第一单元：枪支携带及验枪练习

首先，让学员掌握枪支的规范佩带和一些特殊情况下的携带方法。一般常用的携带方法有挎枪携带法、腰间携带法(又分为右腹前携带法、左腹前携带法、腰后携带法及腰侧携带法等)、腋下携带法、腿部携带法等。其次，练习原地快速出枪动作。最后，进行验枪及清洗枪支练习。

第二单元：瞄准与扣扳机练习

首先，让学员平行站立做等腰三角形的空手"双手大拇指"概略瞄准练习。其次，持枪做等腰三角形射击姿势，概略瞄准。最后，体会据枪瞄准与扣动扳机的配合技巧练习。

第三单元：各种据枪瞄准姿势练习

此练习分三步进行。

第一步：首先，让学员一手持枪，练习立姿的据枪瞄准。站立姿势主要是练习双手的等腰三角形射击姿势和推拉式射击姿势。其次，练习跪姿的据枪瞄准，主要练习高式、低式及依托式的据枪瞄准。最后，练习卧姿的据枪瞄准，分俯卧的正瞄准和侧瞄准练习，仰卧的正瞄准和侧瞄准练习。

第二步：在掌握了三种姿势的据枪瞄准后，开始练习变向瞄准。主要内容包括站姿转腰和转身的变向练习、跪姿转腰和转身的变向练习。

第三步：掌握了原地据枪瞄准技术后，进行徒步移动中的变向瞄准练习(这一步练习一般在掌握了徒步移动技术后才进行)。

第四单元：快出枪瞄准练习

这一练习是把出枪和各种据枪瞄准姿势组合在一起，包括原地的快出枪和行进间的快出枪技术练习。

第五单元：持枪戒备姿势练习

这一练习主要是练习双手持枪的高姿戒备到据枪瞄准姿势的过程练习和低姿戒备到据枪瞄准姿势的过程练习。熟练后，进行徒步移动中戒备姿势变据枪瞄准姿势的练习。

学习任务四　应用射击技术

1. 熟练掌握应用射击技术。
2. 掌握应用射击技术的训练方法。
3. 提高在特殊环境下熟练使用枪支的能力，养成爱国、坚韧、拼搏、敢于奉献的优良品质。

【学习项目一】掩护物后射击

一、选择掩护物

在实战中，凡是能够被用来遮挡、保护，并且利于现场隐蔽观察的自然地貌、建筑设施、器具物体等，都可以成为掩护物。实战中，要注意隐蔽物与掩护物的区别。

掩护物的选择要重点把握三个要素：

一是在面积和形状上，能够有效遮蔽身体；

二是在质地与厚度上，能够有效阻挡枪弹的穿透；

三是在位置上，能够较好地满足影区(罪犯的射击死角)条件好、移动距离短、与目标距离近、观察与射击角度良好等基本要求。

二、接近掩护物

根据罪犯的火力方位，选择能尽快进入掩护物影区的方式接近掩护物。

三、利用掩护物

到达掩护物的位置后，身体应面向掩护物，并立即锁定危险区域。靠近掩护物时，身体与掩护物保持大约一臂的距离；根据掩护物的形状，灵活采取相应的姿势，如威沃尔式(图4-4-1)、跪姿(图4-4-2)、蹲姿(图4-4-3)、卧姿(图4-4-4)、仰姿(图4-4-5)、坐姿(图4-4-6)、侧卧姿(图4-4-7)等不同姿势。

图4-4-1　威沃尔式

原则上能站立就不跪立，能跪立就不卧倒。无论采取何种姿态，都应尽可能少地暴露身体的任何部位，且所采用的姿势要有利于观察，有利于及时移动和在掩护物后射击。

图 4-4-2　跪姿

图 4-4-3　蹲姿

图 4-4-4　卧姿

图 4-4-5　仰姿

图 4-4-6　坐姿

图 4-4-7　侧卧姿

利用掩护物射击时，要注意枪的任何部位都不要接触掩护物，要避免子弹打在掩护物上而伤害自己。

【学习项目二】 移动射击训练

移动射击训练要求练习者根据实战的需要，在动态中选择瞄准射击，而且必须是双发射击。此阶段训练分五步进行。

第一步：持枪移动练习

移动技术是警务作战的一项基本技能，与射击技术互为依赖、密不可分。持枪移动技术既是警务作战的基本功，也是警务作战训练的核心内容之一。此阶段的练习内容分为单个移动技术和组合移动技术。

(一)单个移动技术

单个移动技术有徒步移动和地面卧姿移动。

1.徒步移动训练

徒步移动技术主要运用于警察在实战中的接近、搜索等行动。徒步移动的要点：身体重心尽量后置，平稳移动；移动中姿势尽可能地保持不变或少变，基本以腰部的扭动来控制注视的方向；步伐大小以等距离移动为原则。徒步移动的练习内容包括前进、后退、侧移、转向及跃进跑等。此练习分徒手练习和持枪练习。

2.地面卧姿移动训练

地面卧姿移动技术主要包括卧倒、起立、匍匐前进及滚动跃进。这些技术适用于隐蔽接近和战术转移。地面卧姿移动的练习内容有卧倒(原地、上步、撤步、跑动)、起立(原地、横滚翻、后滚翻)、低姿匍匐、侧身低姿匍匐等练习。

(1)卧倒。

在自然站立的基础上，快速屈膝、收腹、含胸、下蹲，左手在体前撑地，右手持枪前伸，目视前方；左右脚依次向侧后伸出一大步，成俯卧状；左手协助右手握枪，身体正面俯地，两腿伸直分开，略宽于肩，双手持枪指向目标，目视目标。此动作适用于面临罪犯的火力威胁时，快速卧倒隐蔽。

(2)起立。

卧倒后，左手臂撑地，左腿屈收、跪撑，右手保持直臂据枪指向前方，右腿屈膝跨起，左手协助右手，成跪姿双手持枪姿势；身体重心前移，收左脚向前迈出，然后右脚向前一步靠拢左脚，成立正姿势。完成此动作，一定要注意左手支撑身体重心后，左膝、右脚要快速依次支撑身体。

(3)低姿匍匐。

低姿匍匐通常是在通过遮蔽物高约40 cm时所采用的行动方法。身体匍匐时，全身着地，腹部贴于地面；屈回右腿，伸出左手，用右脚内侧的蹬力和左小臂的扒力使身体前移；屈回左腿，伸出右手(若右手持枪则使掌心朝上)，用左脚内侧的蹬力和右小臂的扒力使身体继续前移。如此依次交替前进。

(4)侧身低姿匍匐。

身体的左侧和左小臂着地,左大臂向前倾支撑上体,左腿弯曲,外侧着地,右腿回收,右脚靠近臂臀部着地,右手自然置于体侧(如果右手握枪,则枪口向前)。移动时,用左臂的扒力和右脚跟的蹬力使身体向前移动。

(二)组合移动技术

组合移动技术有地面移动组合和徒步移动组合。

1. 地面移动组合训练

地面移动组合训练是将各种地面的移动技术,根据训练条件及实战情况的需要进行组合练习。

(1)从原地快速出枪停顿射击(空击)开始,卧倒做低姿匍匐前进、横滚翻,然后侧身低姿匍匐前进,最后做起立跃进跑,停顿成跪姿射击姿势。

(2)从跪姿变向射击(空击)开始,做跃进跑,然后卧倒做低姿匍匐前进、横滚翻、侧身低姿匍匐前进,然后侧滚翻起身,成跪姿射击姿势,最后跃进跑。

2. 徒步移动组合训练

徒步移动组合训练主要有移动的停顿射击(空击)和移动的变向控制及射击(空击)。

(1)以低姿持枪戒备姿势做搜索前进移动,移动中做前停顿射击(空击)、左侧停顿射击(跪姿)、右侧停顿射击(跪姿)。

(2)小组成员一起练习:以平肩姿势持枪做向前、向左、向右及向后的移动及射击(空击),然后后退移动、卧倒(原地)、分组交替掩护后撤移动,再侧滚翻起身,成跪姿射击,最后收枪。

第二步:空枪练习

(1)徒步前进,双眼不断地搜寻目标(靶子),一旦发现目标,立即停顿,快速出枪、拉套筒上膛(空枪)、瞄准并扣动扳机,然后继续前进搜寻目标。

(2)徒步前进,双眼不断地搜寻目标(靶子),一旦发现目标,立即停顿成射击准备姿势(高姿戒备、低姿戒备或中姿戒备),快速出枪、拉套筒上膛(空枪)、瞄准并扣动扳机,然后继续前进搜寻目标。

第三步:移动中射击

(1)快速出枪并拉套筒上膛,成射击姿势,开始向前推进,双眼不断地搜寻目标(靶子),一旦发现目标,不停顿而继续向前推进,随即扣动扳机;然后继续前进搜寻目标。

(2)快速出枪并拉套筒上膛,成射击姿势,开始左右移动,双眼不断地搜寻目标(靶子),一旦发现目标,不停顿而继续左右移动,随即扣动扳机;然后继续前进搜寻目标。

第四步:移动实弹射击

移动实弹射击练习同上两步一样,只是将空枪练习变成实弹双发射击。练习的主要内容是移动中停顿射击和移动中不停顿射击。在此练习的基础上，还可进行综合选择射击，即移动中停顿或不停顿地射击不同信号的靶位(最后靶位是移动的)。

第五步：情况处置训练

此阶段的训练是根据实战中经常出现而需要解决的问题进行针对性训练。通过此阶段的训练，受训者能掌握在实战中枪支交换使用的技术、掩护物使用的技术，以及掌握快速更换弹匣的技术和排除故障的方法。

另外，还要进行综合的循环训练，如快速跑动 40 m 或 50 m 后的射击，完成各种障碍的翻越、攀、爬后的射击，以及将跑、爬、攀、越，武器的分解和结合，武器交换使用及多种靶位，射击姿势等组合起来，进行循环流动射击训练。

学习模块五　其他警用装备

学习任务一　多功能腰带

学习目标

1. 掌握多功能腰带的基本知识、性能。
2. 理解装备的原理、功能及保养。
3. 熟练掌握装备的使用技能,提升职业素养。
4. 培养依法、准确、安全、有效使用多功能腰带的能力与素质。

【学习项目一】　多功能腰带的使用方法

多功能腰带是监所警察配备的单警装备之一,可用于携挂警棍、催泪喷射器、警用工作包、手铐、警绳、约束带、对讲机、警哨、强光手电等装备,是警察执勤的必备装备。多功能腰带由主腰带、副腰带、装具套组成。装具套含警棍套、强光手电套、工作包、手铐套、催泪喷射器套、对讲机套(警用水壶套可选配)等,套件可单独拆卸,根据执法人员的实际情况自由组合(图5-1-1、视频5-1-1)。

视频5-1-1

一、携挂顺序

监所警察使用多功能腰带携挂单警装备的顺序,以腰带扣为基准,从左到右依次为:警棍、催泪喷射器、警用工作包(急救包、防割手套)、强光手电、手铐、警哨、对讲机。夜间执勤时,必须佩戴强光手电;外出执勤时,必须携带急救包;艾滋病专管大队警察执勤时,应当携带防割手套。

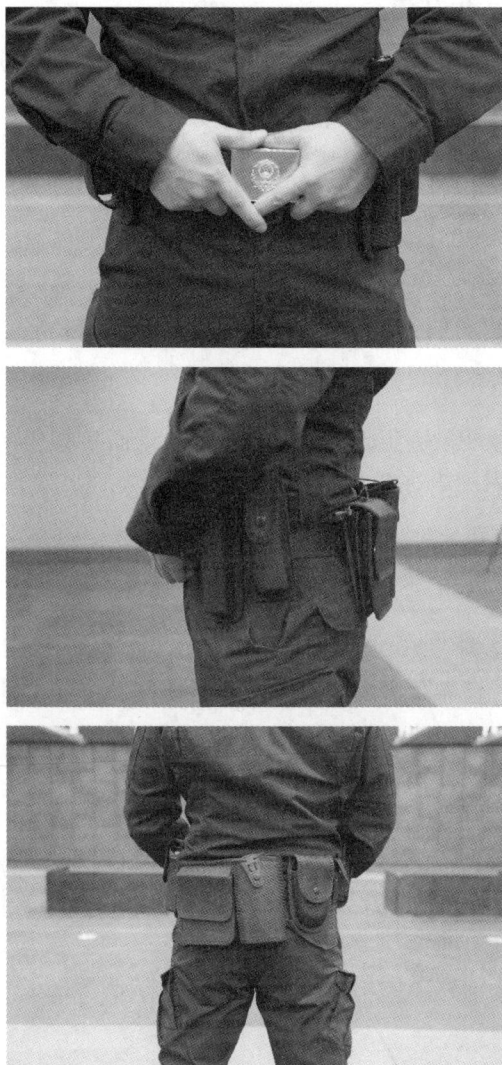

图 5-1-1　多功能腰带

二、使用技巧

（1）多功能腰带是由主、副腰带组成的。主腰带由塑料插扣相插相接，副腰带在腰带内侧。系紧时，尖头部位穿过塑料环扣回拉，尼龙搭扣相扣固定。

（2）使用前，应根据自身腰围尺寸，调整好主腰带的长短。

（3）佩带时，先将副腰带固定好，不要太紧，保持松紧适中；再将主腰带插扣插入扣住。主腰带应比副腰带稍微松一些为好（也可以单独使用主腰带）。

（4）当把装备放入套内后，必须用力按好四合钮，听到"啪"一声，表示已扣好，否则会出现虚扣现象。

（5）单警急救包应放在工作包内。

三、注意事项及保养方法

（1）不使用时，要放在室内干燥、干净之处，远离化学品，以防腐蚀。

（2）被雨淋湿后，应用干布擦干，可日晒，不可用火烤。

（3）弄脏后，应用清水与肥皂手洗，不宜用洗衣机搅洗和离心脱水。

（4）平时存放，不得将重物置于其上，以防变形。

【学习项目二】 多功能腰带使用情景训练

一、训练案例

某监狱食堂开餐时唐犯、黄犯因插队发生争吵，继而拳脚相向，迅速升级为两个老乡帮派的斗殴。值班干警因闹事罪犯人数较多难以控制场面，紧急呼叫指挥中心请求特警支援……

二、处置方法

1. 情况判明及装备佩带

食堂互殴人员较多，且罪犯携带有餐具，可能具有一定攻击性，需要多名特警佩带多功能腰带并带上相应警械介入。

2. 进入

（1）打开执法记录仪，报告指挥中心，请求支援。

（2）吹响警哨，先进行外围警告制止，命令围观罪犯散开并靠墙抱头蹲下。

（3）控制围观罪犯后进入，警告当事罪犯服从，否则将使用警械。

3. 依法使用

经警告无效后，依法依程序使用警械制止。

（1）击打对象。

（2）击打部位。

（3）击打技术。

4. 使用后处置

（1）控制现场后，如出现伤害应及时医治。

（2）及时报告指挥中心现场情况。

（3）固定现场证据并进行进一步调查。

（4）清点单警装备。

（5）按程序报告使用警械情况。

学习任务二　强光手电

学 习 目 标

1. 掌握强光手电的基本知识、性能。
2. 理解装备的原理、功能及保养。
3. 熟练掌握装备的使用技能，提升职业素养。
4. 培养依法、准确、安全、有效使用强光手电的能力与素质。

【学习项目一】　强光手电的使用方法

　　强光手电筒是重要的单警装备之一。警用强光手电前端带有攻击性棘槽，可起到攻击致痛制服作用；爆闪功能也可让罪犯暂时失明眩晕，具有一定的防身作用。警用强光手电的外壳采用航空铝材经阳极氧化处理，具有防水、防爆、抗震、抗压等功能(图 5-2-1、视频 5-2-1)。

视频5-2-1

图 5-2-1　强光手电

一、基本操作

　　(1)安装电池。拧开尾盖，将电池放入(注意电池的正负极)，拧上尾盖。
　　(2)打开电筒。处于关闭状态时，按动中部橡皮帽，电筒打开，重复上述步骤即关闭。
　　(3)点射。打开开关时，电筒灯亮为弱光，轻点开关依次切换光亮为强光、爆闪，可以达到战术点射的目的。

二、注意事项

(1)不要将光线长时间直接射人的眼睛，较强的光线会对眼睛造成永久性的伤害。

(2)严禁拆解灯头，以免造成反光杯或灯泡损伤。

(3)当灯泡不能保持高亮度时，应将电池换下充电，避免过放电导致电池损坏。

【学习项目二】 强光手电使用情景训练

一、训练案例

某警察值夜班巡逻时听见宿舍楼道大门有异响，须迅速查明情况。

二、处置方法

1.情况判明及装备佩带

夜间宿舍楼道大门有异响，可能有罪犯活动。值班警察应迅速接近查明情况，防止意外发生。除佩带多功能腰带并带上相应警械，还应携带强光手电。

2.进入

(1)打开执法记录仪，并向同伴或指挥中心报告情况。

(2)利于强光手电强光功能由远至近搜索，依次排查原因。

3.依法使用

如发现罪犯应立即询问缘由并保持安全距离，责令其迅速回宿舍休息。如罪犯有异常举动，经警告无效后，依法使用强光手电爆闪或强光功能直接照射其眼睛，使其暂时失去视觉功能，并迅速进行下一步有效控制。

4.使用后处置

(1)控制现场后，如出现伤害应及时医治。

(2)及时报告指挥中心现场情况。

(3)固定现场证据并进行进一步调查。

(4)清点单警装备。

(5)按程序报告使用警械情况。

学习任务三　电子抓捕手套

1. 掌握电子抓捕手套的基本知识、性能。
2. 理解装备的原理、功能及保养。
3. 熟练掌握装备的使用技能，提升职业素养。
4. 培养依法、准确、安全、有效使用电子抓捕手套的能力与素质。

【学习项目一】 电子抓捕手套的使用方法

电子抓捕手套防水、防割、防滑，外观设计具有隐蔽性，具有安全、有效、实用、隐蔽等特点。脉冲电击渗透强，如美国泰瑟电击枪的低电流高压脉冲可穿透 4 mm 的衣物（图 5-3-1、视频 5-3-1）。

视频5-3-1

图 5-3-1　电子抓捕手套

一、基本操作

打开电子抓捕手套脉冲开关后，抓紧控制对象皮肤裸露部位，通过脉冲电击使其肌肉产生痉挛，失去反抗能力，从而达到抓捕控制目的。

二、注意事项

使用前应先进行充电，充电时间为 2~3 小时。电子抓捕手套应对人体皮肤进行接触，勿直接接触人体脖子及心脏位置。

【学习项目二】 电子抓捕手套使用情景训练

一、训练案例

某监狱一患艾滋病的罪犯与其同舍罪犯在宿舍发生打斗，值班警察发现情况后迅速进行处置。

二、处置方法

1. 情况判明及装备佩带

艾滋病极具传染性，监狱警察在处置斗殴事件时应防止被罪犯抓伤或咬伤，必须戴上具有防护和抓捕功能的抓捕手套。

2. 进入

（1）打开执法记录仪，并向指挥中心报告情况。

（2）戴上抓捕手套后方可进入宿舍。

3. 依法使用

命令宿舍其他罪犯迅速抱头背向蹲下或卧床抱头，警告斗殴人员立即停止打斗。经警告无效后，依法使用电子抓捕手套进行控制。使用电子抓捕手套时尽量抓握罪犯裸露皮肤或衣服较薄部位。

4. 使用后处置

（1）控制现场后，如出现伤害应及时医治。

（2）及时报告指挥中心现场情况。

（3）固定现场证据并进行进一步调查。

（4）清点单警装备。

（5）按程序报告使用警械情况。

学习任务四　手持金属探测器

学 习 目 标

1. 掌握手持金属探测器的基本知识、性能。
2. 理解装备的原理、功能及保养。
3. 熟练掌握装备的使用技能,提升职业素养。
4. 培养依法、准确、安全、有效使用手持金属探测器的能力与素质。

【学习项目一】手持金属探测器的使用方法

手持金属探测器是金属探测器的一种。它通过对金属物品的电磁感应报警,报警方式主要有声光、震动。它可以探测出武器、炸药和小块金属等物品,主要用于 AB 门安检、人身安检、场所安检、公共安全检查等。相对于安检门,手持金属探测器更加精确(视频 5-4-1)。

视频5-4-1

一、基本操作

(1)轻轻摇晃手持金属探测器,听是否有异常响声。

(2)打开手持金属探测器手柄部位的电池盒,装上配套的电池。

(3)打开开关,检测信号灯是否正常,绿色表示正常,红色表示有金属物,连续长响为故障机。

(4)拿出事先准备好的一元硬币,用手持金属探测器从不同角度、不同距离来回扫描硬币,检测手持金属探测器灵敏度是否正常。

(5)检查工作完毕,应及时关机充电,为下一次安检做准备。

二、注意事项

我们可根据手持金属探测器音调的高低来判定金属物品的大小。当仪器的探头扫过人体(物体)时,如果发出较低沉的响声,而且探头停留在发声处的上方,这个响声逐渐消失,就可以判定它是一件很小的金属,如皮带扣、拉链等;如果发出的声音很尖锐,即使探头停着不动,声音仍然持续不断,那就一定是一件较大的金属,如匕首、手枪等。

【学习项目二】 手持金属探测器使用情景训练

一、训练案例

某监区生产车间丢失螺丝刀一把，为消除安全隐患，要求对罪犯逐一搜身检查。

二、处置方法

1.情况判明及装备佩带

螺丝刀是铁制尖锐物品，具有较大危险性，可用手持金属探测器迅速进行排查。

2.进入

（1）打开执法记录仪。

（2）命令罪犯列成一路队形。

3.依法使用

警告罪犯迅速将螺丝刀上交。经警告无效后，依法使用手持金属探测器对罪犯进行逐一搜身。搜身方法应与手法结合，从头开始由上到下、由前至后顺序进行。旁边警察注意防范罪犯的突然攻击。

4.使用后处置

（1）及时报告指挥中心现场情况。

（2）固定现场证据并进行进一步调查。

（3）清点单警装备。

（4）按程序报告使用警械情况。

学习任务五　执法记录仪

学习目标

1. 掌握执法记录仪的基本知识、性能。
2. 理解装备的原理、功能及保养。
3. 熟练掌握装备的使用技能,提升职业素养。
4. 培养依法、准确、安全、有效使用执法记录仪的能力与素质。

【学习项目一】 执法记录仪的使用方法

执法记录仪又称警用视音频执法记录仪或现场执法记录仪。它集数码摄像、数码照相、对讲送话器功能于一身,能够在执法过程中进行动态、静态的现场情况数字化记录,便于警察在各种环境中执法使用(图5-5-1、视频5-5-1)。

视频5-5-1

图5-5-1　执法记录仪

一、基本操作

(1)开机和关机。长按电源键约2秒后,屏幕亮起表示开机。在开机状态,长按电源键约2秒后关机。

(2)功能键。轻按开机键进入待机模式后,可以选择拍照、录音、摄像等功能。按一下摄像键,机器会自动进入摄像状态,再按一下即可停止摄像。按一下录音键,机器震动并立即录音。按一下拍照键,听到"咔嚓"一声,表示拍照成功。按OK键,可以进入存储的文件夹内查看。按菜单键,可进行相关设置。

（3）红灯闪烁。当电池电量不足时，机器红灯会快速闪烁并关机。当前录制的文件会自动保存。

（4）蓝灯闪烁。当内存卡满时，机器蓝灯会快速闪烁并关机，当前录制的文件会自动保存。

（5）自动关机。机器在声控录像以外的任何模式的待机状态时，如机器一直没有任何操作，可设置几分钟内后自动关机。

（6）复位。当机器因为非法操作等而不能正常工作时，可以按机器复位键（圆形小孔，不同机型的复位键位置不同）进行复位。复位后，正常开机使用。

二、注意事项

执法记录仪为执法办案、监察巡查等行政执法工作的专用设备，不得挪作他用，不可以录制与工作无关的任何内容。

● 特别提示

以下为《监狱人民警察单警装备使用管理办法》中关于执法记录仪的内容。

第十条 开展下列现场执法活动，监狱人民警察应当使用视音频执法记录仪进行全程不间断记录：

（一）对罪犯进行收监、释放；

（二）对罪犯严重违规违纪行为进行处罚；

（三）对罪犯严重疾病进行诊治；

（四）对狱内案件现场进行保护、处置；

（五）执行调犯、离监就医等押解任务；

（六）对狱内重大突发事件、群体事件进行处置；

（七）需要进行现场执法视音频记录的其他情形。

第十一条 监狱人民警察开展现场执法视音频记录时，应当重点记录以下内容：

（一）执法现场环境；

（二）执法现场相关人员的体貌特征和言行举止；

（三）涉及罪犯违法违纪行为的重要物品及其主要特征，以及其他可以证明罪犯特定行为性质的证据；

（四）监狱人民警察现场告知罪犯权利义务、送达法律文书和对罪犯人身、财物采取措施的情况；

（五）其他应当记录的重要内容。

第十二条 监狱人民警察应当在当天执法活动结束后，将现场执法视音频资料导出保存。因连续工作、异地执法执勤无法及时导出资料的，应当在返回监狱后二十四小时内导出。

第十三条 监狱应当对现场执法视音频资料进行集中统一管理和分类存储，保存期限原则上不少于六个月。涉及狱内案件、重大突发事件、群体事件等执法现场的视音频资料，应当永久保存。

【学习项目二】执法记录仪使用情景训练

一、训练案例

厨房两名罪犯发生口角,继而升级成持械冲突,值班警察迅速打开执法记录仪并徒手和利用警械进行现场控制。

二、处置方法

1.情况判明及装备佩带

厨房有菜刀、铁铲等易伤人工具,具有较大危险性,警察应立即介入并制止打架行为,利用执法记录仪对罪犯所使用的犯罪工具进行现场取证。

2.进入

(1)打开执法记录仪。

(2)命令其他罪犯迅速撤离厨房。

3.依法使用

打开执法记录仪,警告罪犯立即停止互攻行为。经警告无效后,依法徒手和使用警械对罪犯进行制止。除了执法记录仪现场拍摄,还应对现场物证进行拍照取证。

4.使用后处置

(1)及时报告指挥中心现场情况。

(2)固定现场证据并进行进一步调查。

(3)清点单警装备。

(4)按程序报告使用警械情况。

学习任务六　防暴头盔

学习目标

1. 掌握防暴头盔的基本知识、性能。
2. 理解装备的原理、功能及保养。
3. 熟练掌握装备的使用技能，提升职业素养。
4. 培养依法、准确、安全、有效使用防暴头盔的能力与素质。

【学习项目一】 防暴头盔的使用方法

防暴头盔是一种保护警务人员在执行公务时抵御头部及面部受到打击伤害或其他潜在的伤害(如泼洒腐蚀性化学液体)的一种警用装具。

最常见的防暴头盔是 FBK-5L 型头盔。其壳体按公安部防暴头盔标准壳型设计，并采用 PC 合金制造，具有质轻、强度高、外形美观、线条流畅、面罩镜片透光率好、视野开阔、穿戴舒适牢靠、穿脱方便等优点，是警务人员在反恐反暴斗争中为保障自身安全必备的防护用品(图 5-6-1、视频 5-6-1)。

视频5-6-1

一、基本操作

(1)使用者根据自己头型的尺寸大小，选择合适的产品规格。

(2)先将面罩镜片向头顶方向掀开，再用手指拉住两根头带并往两侧拉开，使开口扩张。

(3)将头盔前倾，使头部前额先进入头盔，再往下拉，使头完全进入。

(4)戴好头盔后，将头盔前后左右摇动，使头部穿戴舒适。再将头带调整到适当位置后将插扣插好，检查是否连接牢靠。然后，将面罩镜片往下拉，使面罩防水橡胶条与壳体前额密合。

(5)欲脱掉头盔时，先用手指解开插扣，拉住两根头带并往两侧拉开，即可使头带开口扩张，再由前往后脱掉。

图 5-6-1 防暴头盔

二、注意事项

(1)使用时必须系紧头带。

(2)使用前应检查面罩上的防水橡胶条与壳体前额的密合度。

(3)防暴头盔可以抵挡公安部《警用防暴头盔》(GA 294—2012)标准中规定能量的冲击。对于超过此能量的冲击,它只能给予最高强度的保护,减轻对人体造成的伤害。因此,当头盔发生过一次较大撞击事故后,应立即停止使用或送工厂鉴定确认是否可继续使用。

(4)盔体不可涂抹或用腐蚀性溶剂清除油污,以免破坏盔体材料强度。

(5)防暴头盔的使用期限为 3 年。

【学习项目二】 防暴头盔使用情景训练

一、训练案例

某监区生产车间罪犯打群架,部分罪犯手持生产工具。

二、处置方法

1.情况判明及装备佩带

生产车间里的劳动工具多，很容易被罪犯当作武器进行攻击，警察处置时必须穿戴防暴头盔及防刺服保护头部、躯干等重要部位。

2.进入

（1）打开执法记录仪。

（2）利用盾、棍、叉等警械将罪犯分离开来。

3.依法使用

警告罪犯迅速抱头蹲下。经警告无效后，可依法使用警械进行驱离及控制。

4.使用后处置

（1）及时报告指挥中心现场情况。

（2）固定现场证据并进行进一步调查。

（3）清点单警装备。

（4）按程序报告使用警械情况。

学习任务七 防刺服

学 习 目 标

1.掌握防刺服的基本知识、性能。
2.理解装备的原理、功能及保养。
3.熟练掌握装备的使用技能,提升职业素养。
4.培养依法、准确、安全、有效使用防刺服的能力与素质。

【学习项目一】 防刺服的使用方法

视频5-7-1

防刺服也称为防刀衣,具有防刀割、防刀砍、防刀刺、防带棱角物体刮划等功能,可保护穿着者不受割伤、划伤、蹭伤、砍伤,适用于处置监所突发暴力事件,存在被割伤的危险时穿着(图5-7-1、视频5-7-1)。

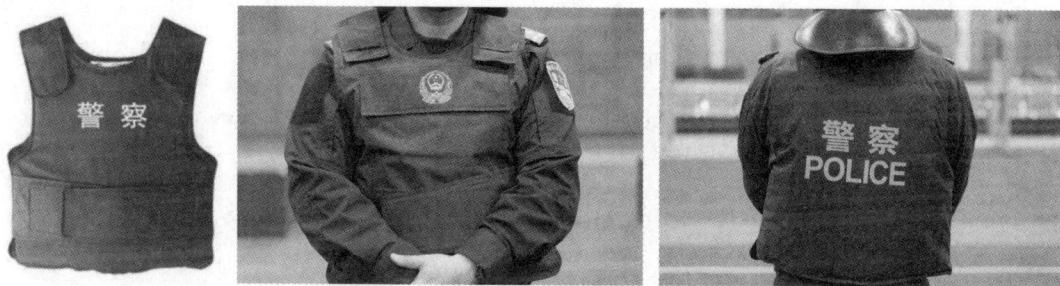

图 5-7-1 防刺服

一、基本操作

(1)将防刺服活动粘扣打开。

(2)按照正面在前、反面在后的顺序穿戴,调整松紧度后将活动扣粘上。

二、注意事项

(1)穿着时,先将后腰左右两条松紧搭扣系于前腹,然后将防刺服前胸左右两助翼向后腰收紧,对应粘贴即可。

(2)穿着时,防刺服下缘应该贴近腰带位置,以免影响警务作战。

(3)防刺服内胆和外套可分离,内胆严禁洗涤,外套可用普通方法洗涤,晾干即可;穿着适宜温度为−40～50℃；雨淋或受潮后不得高温烘烤，可在阴凉通风处晾干，避免霉变。

（4）防刺服的保管无特殊要求，不用时可平放或用衣架挂于通风阴凉处。

【学习项目二】 防刺服使用情景训练

一、训练案例

某宿舍发生罪犯打架，罪犯黄某利用钢笔扎伤同舍李某，需要警察立即处置。

二、处置方法

1.情况判明及装备佩带

宿舍空间小，且宿舍门关闭，罪犯没有逃脱退路，且罪犯手中有钢笔锐器，极易伤人甚至危及生命，应及时制止。警察处置时必须穿戴防暴头盔及防刺服，以保护头部、躯干等重要部位。

2.进入

（1）打开执法记录仪。

（2）利用盾、棍、叉等警械将犯人分离开来。

3.依法使用

警告罪犯立即停止攻击行为并抱头蹲下。经警告无效后，可依法使用警械进行控制。

4.使用后处置

（1）及时报告指挥中心现场情况。

（2）固定现场证据并进行进一步调查。

（3）清点单警装备。

（4）按程序报告使用警械情况。

学习任务八　防割手套

学习目标

1. 掌握防割手套的基本知识、性能。
2. 理解装备的原理、功能及保养。
3. 熟练掌握装备的使用技能，提升职业素养。
4. 培养依法、准确、安全、有效使用防割手套的能力与素质。

【学习项目一】　防割手套的使用方法

防割手套是一种很难被割破的手套，对手起保护作用。它采用黑色轻型合成纤维材质，在增强手套整体防切割性能的同时，还可灵活抓取嫌疑物品并进行相关操作。防割手套的手掌和指尖部位加垫了三层特制的超强纤维，为手部提供更好的保护(图5-8-1、视频5-8-1)。

视频5-8-1

图 5-8-1　防割手套

一、基本操作

(1)按照穿戴生活手套的方法穿戴。
(2)在执法中可直接抓握执法对象的刀具等锋利物品，配合警械进行对目标的控制。

二、注意事项

(1)用肥皂水或混合有清洁剂的热水(50℃)清洗防割手套，每日至少1次。洗净后，于阴凉通风处存放。

（2）切勿以硬物敲打的方式清洁防割手套。

（3）面对尖锐物品时不宜使用防割手套，因为防割手套是由钢丝组合而成的网状体，中间有空隙，尖锐物品很容易刺穿手套伤到手。

（4）长期使用后，防割手套可能出现小破洞。若小破洞超过 $1\ cm^2$，则需要修理或更换。

【学习项目二】 防割手套使用情景训练

一、训练案例

某监狱一罪犯出现心理疾病，在宿舍手持砸碎的窗户玻璃自残。

二、处置方法

1. 情况判明及装备佩带

罪犯的神智较模糊，手中有利器，处置警察必须穿戴防护手套。

2. 进入

（1）打开执法记录仪。

（2）利用盾牌掩护进入宿舍。

3. 依法使用

一人劝告掩护，一或两人趁机夺走罪犯手中玻璃并进行控制。

4. 使用后处置

（1）及时报告指挥中心现场情况，如有受伤人员立即呼叫医务人员迅速到达现场。

（2）固定现场证据并进行进一步调查。

（3）清点单警装备。

（4）按程序报告使用警械情况。

学习任务九　防毒面罩

学　习　目　标

1. 掌握防毒面罩的基本知识、性能。
2. 理解装备的原理、功能及保养。
3. 熟练掌握装备的使用技能，提升职业素养。
4. 培养依法、准确、安全、有效使用防毒面罩的能力与素质。

【学习项目一】 **防毒面罩的使用方法**

　　防毒面罩可为人的呼吸器官、眼睛及面部皮肤提供有效防护。防毒面罩由面罩、导气管和滤毒罐组成，面罩可直接与滤毒罐连接使用，也可与导气管、滤毒罐连接使用(图 5-9-1、视频 5-9-1)。

视频 5-9-1

图 5-9-1　防毒面罩

一、基本操作

　　(1)使用前，须检查防毒面罩是否有裂痕、破口，确保面罩与脸部贴合密封；检查呼气阀的阀片有无变形、破裂；检查头带是否有弹性；检查滤毒盒座密封圈是否完好；检查滤毒盒、滤棉是否在使用期内。

　　(2)使用时，先将面罩盖住口鼻，然后将头带框套拉至头顶，用双手将头带拉向颈后，然后扣住(图 5-9-2)。

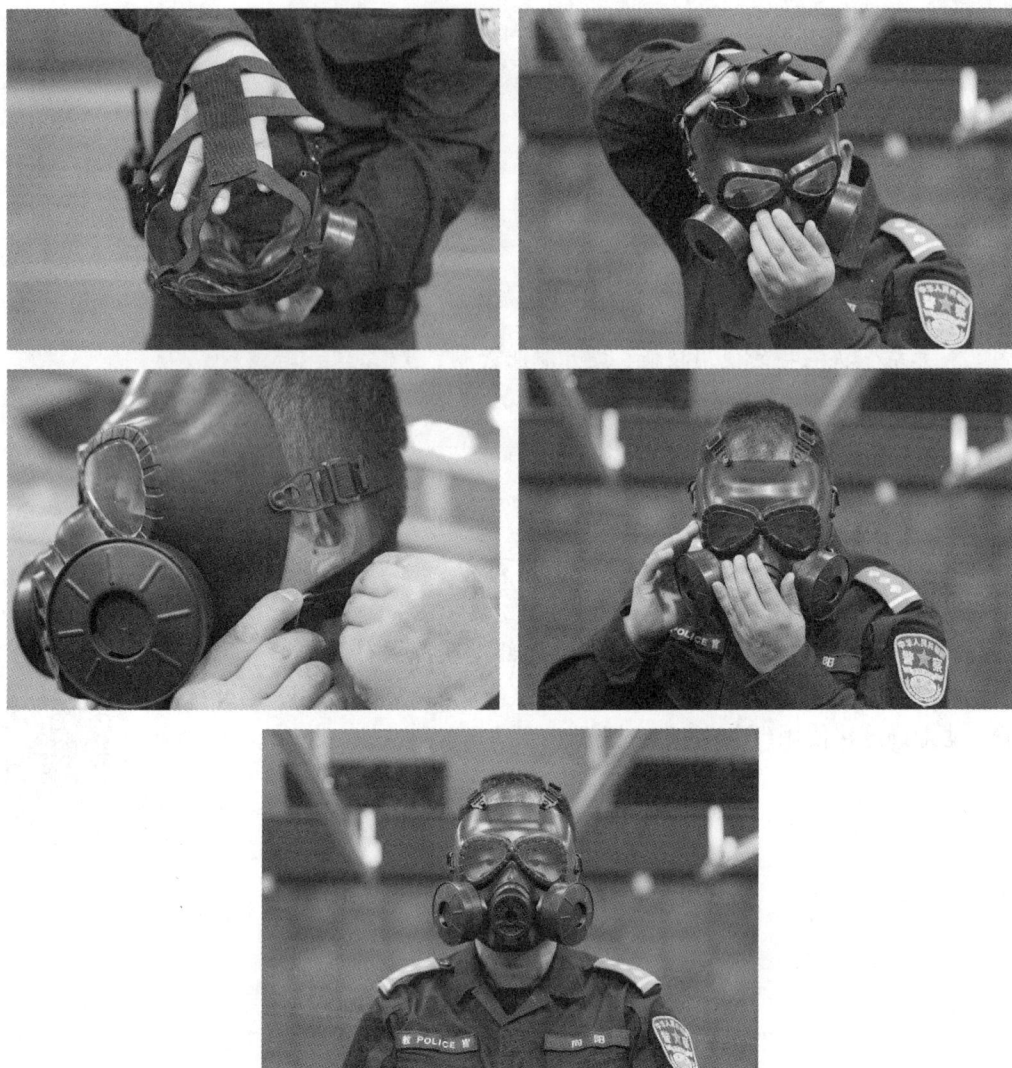

图 5-9-2　防毒面罩基本操作

二、注意事项

（1）应该根据现场毒气类型、浓度，空气氧含量及温度，正确选择防毒面罩型号。

（2）应注意防护面罩的滤毒罐所规定的防护范围及时间。在氧气浓度低于19%时，禁止使用负压式防毒面罩。

（3）如果防毒面罩的面罩或者导气管出现孔洞，可用手指将孔洞捏住；如果防毒面罩的导气管有破损情况出现，应立即将滤毒罐与面罩直接连接起来。出现以上任何情况都必须及时撤离作业区，到安全区及时更换防毒设备。

（4）如果防毒面罩上的呼气阀坏了，应该用手指将呼气阀的孔堵住，呼气时将手松开，吸气时再用手堵住，并及时撤离作业区，到安全区更换防毒设备。

（5）如果防毒面罩上的面罩被破坏，可将滤毒罐直接放在嘴里，然后捏住鼻子，用滤毒罐呼吸，并及时撤离作业区，到安全区更换防毒设备。

（6）如果防毒面罩的滤毒罐出现小孔，可用手或者其他材料将其堵住，并及时撤离作业区，到安全区更换防毒设备。

（7）如果呼吸阻力变大，或者在穿戴正确的情况下闻到异味，应及时撤离作业区，到安全区更换防毒设备。

【学习项目二】　防毒面罩使用情景训练

一、训练案例

某监狱罪犯在生产车间发生大型骚乱，损坏生产工具，殴打值班警察。

二、处置方法

1.情况判明及装备佩带
闹事罪犯众多，需特警队支援，除盾、棍、叉外还须配备催泪弹及防毒面罩。

2.进入
（1）打开执法记录仪。
（2）利用盾牌掩护进入生产车间。

3.依法使用
警察提前穿戴防毒面罩，警告罪犯抱头蹲下，服从管教。经警告无效后，依法使用催泪弹，利用相应警械完成对犯人的控制。

4.使用后处置
（1）及时报告指挥中心现场情况，如有受伤人员立即呼叫医务人员迅速到达现场。
（2）固定现场证据并进行进一步调查。
（3）清点单警装备。
（4）按程序报告使用警械情况。

附 录

附录一　中华人民共和国监狱法

第一章　总　则

第一条　为了正确执行刑罚，惩罚和改造罪犯，预防和减少犯罪，根据宪法，制定本法。

第二条　监狱是国家的刑罚执行机关。依照刑法和刑事诉讼法的规定，被判处死刑缓期二年执行、无期徒刑、有期徒刑的罪犯，在监狱内执行刑罚。

第三条　监狱对罪犯实行惩罚和改造相结合、教育和劳动相结合的原则，将罪犯改造成为守法公民。

第四条　监狱对罪犯应当依法监管，根据改造罪犯的需要，组织罪犯从事生产劳动，对罪犯进行思想教育、文化教育、技术教育。

第五条　监狱的人民警察依法管理监狱、执行刑罚、对罪犯进行教育改造等活动，受法律保护。

第六条　人民检察院对监狱执行刑罚的活动是否合法，依法实行监督。

第七条　罪犯的人格不受侮辱，其人身安全、合法财产和辩护、申诉、控告、检举以及其他未被依法剥夺或者限制的权利不受侵犯。罪犯必须严格遵守法律、法规和监规纪律，服从管理，接受教育，参加劳动。

第八条　国家保障监狱改造罪犯所需经费。监狱的人民警察经费、罪犯改造经费、罪犯生活费、狱政设施经费及其他专项经费，列入国家预算。国家提供罪犯劳动必需的生产设施和生产经费。

第九条　监狱依法使用的土地、矿产资源和其他自然资源以及监狱的财产，受法律保护，任何组织或者个人不得侵占、破坏。

第十条　国务院司法行政部门主管全国的监狱工作。

第二章　监狱

第十一条　监狱的设置、撤销、迁移，由国务院司法行政部门批准。

第十二条　监狱设监狱长一人、副监狱长若干人，并根据实际需要设置必要的工作机构和配备其他监狱管理人员。监狱的管理人员是人民警察。

第十三条　监狱的人民警察应当严格遵守宪法和法律，忠于职守，秉公执法，严守纪律，清正廉洁。

第十四条　监狱的人民警察不得有下列行为：（一）索要、收受、侵占罪犯及其亲属的财物；（二）私放罪犯或者玩忽职守造成罪犯脱逃；（三）刑讯逼供或者体罚、虐待罪犯；（四）侮辱罪犯的人格；（五）殴打或者纵容他人殴打罪犯；（六）为谋取私利，利用罪犯提供劳务；（七）违反规定，私自为罪犯传递信件或者物品；（八）非法将监管罪犯的职权交予他人行使；（九）其他违法行为。监狱的人民警察有前款所列行为，构成犯罪的，依法追究刑事责任；尚未构成犯罪的，应当予以行政处分。

第三章　刑罚的执行

第十五条　人民法院对被判处死刑缓期二年执行、无期徒刑、有期徒刑的罪犯，应当将执行通知书、判决书送达羁押该罪犯的公安机关，公安机关应当自收到执行通知书、判决书之日起一个月内将该罪犯送交监狱执行刑罚。罪犯在被交付执行刑罚前，剩余刑期在三个月以下的，由看守所代为执行。

第十六条　罪犯被交付执行刑罚时，交付执行的人民法院应当将人民检察院的起诉书副本、人民法院的判决书、执行通知书、结案登记表同时送达监狱。监狱没有收到上述文件的，不得收监；上述文件不齐全或者记载有误的，作出生效判决的人民法院应当及时补充齐全或者作出更正；对其中可能导致错误收监的，不予收监。

第十七条　罪犯被交付执行刑罚，符合本法第十六条规定的，应当予以收监。罪犯收监后，监狱应当对其进行身体检查。经检查，对于具有暂予监外执行情形的，监狱可以提出书面意见，报省级以上监狱管理机关批准。

第十八条　罪犯收监，应当严格检查其人身和所携带的物品。非生活必需品，由监狱代为保管或者征得罪犯同意退回其家属，违禁品予以没收。女犯由女性人民警察检查。

第十九条　罪犯不得携带子女在监内服刑。

第二十条　罪犯收监后，监狱应当通知罪犯家属。通知书应当自收监之日起五日内发出。

第二十一条　罪犯对生效的判决不服的，可以提出申诉。对于罪犯的申诉，人民检察院或者人民法院应当及时处理。

第二十二条　对罪犯提出的控告、检举材料，监狱应当及时处理或者转送公安机关或者人民检察院处理，公安机关或者人民检察院应当将处理结果通知监狱。

第二十三条　罪犯的申诉、控告、检举材料，监狱应当及时转递，不得扣压。

第二十四条　监狱在执行刑罚过程中，根据罪犯的申诉，认为判决可能有错误的，应当提请人民检察院或者人民法院处理，人民检察院或者人民法院应当自收到监狱提请处理意见书之日起六个月内将处理结果通知监狱。

第二十五条　对于被判处无期徒刑、有期徒刑在监内服刑的罪犯，符合刑事诉讼法规定的监外执行条件的，可以暂予监外执行。

第二十六条　暂予监外执行，由监狱提出书面意见，报省、自治区、直辖市监狱管理机关批准。批准机关应当将批准的暂予监外执行决定通知公安机关和原判人民法院，并抄送人民检察院。人民检察院认为对罪犯适用暂予监外执行不当的，应当自接到通知之日起一个月内将书面意见送交批准暂予监外执行的机关，批准暂予监外执行的机关接到人民检察院的书面意见后，应当立即对该决定进行重新核查。

第二十七条　对暂予监外执行的罪犯，依法实行社区矫正，由社区矫正机构负责执行。原关押监狱应当及时将罪犯在监内改造情况通报负责执行的社区矫正机构。

第二十八条　暂予监外执行的罪犯具有刑事诉讼法规定的应当收监的情形的，社区矫正机构应当及时通知监狱收监；刑期届满的，由原关押监狱办理释放手续。罪犯在暂予监外执行期间死亡的，社区矫正机构应当及时通知原关押监狱。

第二十九条　被判处无期徒刑、有期徒刑的罪犯，在服刑期间确有悔改或者立功表现的，根据监狱考核的结果，可以减刑。有下列重大立功表现之一的，应当减刑：(一)阻止他人重大犯罪活动的；(二)检举监狱内外重大犯罪活动，经查证属实的；(三)有发明创造或者重大技术革新的；(四)在日常生产、生活中舍己救人的；(五)在抗御自然灾害或者排除重大事故中，有突出表现的；(六)对国家和社会有其他重大贡献的。

第三十条　减刑建议由监狱向人民法院提出，人民法院应当自收到减刑建议书之日起一个月内予以审核裁定；案情复杂或者情况特殊的，可以延长一个月。减刑裁定的副本应当抄送人民检察院。

第三十一条　被判处死刑缓期二年执行的罪犯，在死刑缓期执行期间，符合法律规定的减为无期徒刑、有期徒刑条件的，二年期满时，所在监狱应当及时提出减刑建议，报经省、自治区、直辖市监狱管理机关审核后，提请高级人民法院裁定。

第三十二条　被判处无期徒刑、有期徒刑的罪犯，符合法律规定的假释条件的，由监狱根据考核结果向人民法院提出假释建议，人民法院应当自收到假释建议书之日起一个月内予以审核裁定；案情复杂或者情况特殊的，可以延长一个月。假释裁定的副本应当抄送人民检察院。

第三十三条　人民法院裁定假释的，监狱应当按期假释并发给假释证明书。对被假释的罪犯，依法实行社区矫正，由社区矫正机构负责执行。被假释的罪犯，在假释考验期限内有违反法律、行政法规或者国务院有关部门关于假释的监督管理规定的行为，尚未构成新的犯罪的，社区矫正机构应当向人民法院提出撤销假释的建议，人民法院应当自收到撤销假释建议书之日起一个月内予以审核裁定。人民法院裁定撤销假释的，由公安机关将罪犯送交监狱收监。

第三十四条　对不符合法律规定的减刑、假释条件的罪犯，不得以任何理由将其减刑、假释。人民检察院认为人民法院减刑、假释的裁定不当，应当依照刑事诉讼法规定的期间向人民法院提出书面纠正意见。对于人民检察院提出书面纠正意见的案件，人民法院应当重新审理。

第三十五条　罪犯服刑期满，监狱应当按期释放并发给释放证明书。

第三十六条　罪犯释放后，公安机关凭释放证明书办理户籍登记。

第三十七条　对刑满释放人员，当地人民政府帮助其安置生活。刑满释放人员丧失劳动能力又无法定赡养人、扶养人和基本生活来源的，由当地人民政府予以救济。

第三十八条　刑满释放人员依法享有与其他公民平等的权利。

第四章　狱政管理

第三十九条　监狱对成年男犯、女犯和未成年犯实行分开关押和管理，对未成年犯和女犯的改造，应当照顾其生理、心理特点。监狱根据罪犯的犯罪类型、刑罚种类、刑期、改造表现等情况，对罪犯实行分别关押，采取不同方式管理。

第四十条　女犯由女性人民警察直接管理。

第四十一条　监狱的武装警戒由人民武装警察部队负责，具体办法由国务院、中央军事委员会规定。

第四十二条　监狱发现在押罪犯脱逃，应当即时将其抓获，不能即时抓获的，应当立即通知公安机关，由公安机关负责追捕，监狱密切配合。

第四十三条　监狱根据监管需要，设立警戒设施。监狱周围设警戒隔离带，未经准许，任何人不得进入。

第四十四条　监区、作业区周围的机关、团体、企业事业单位和基层组织，应当协助监狱做好安全警戒工作。

第四十五条　监狱遇有下列情形之一的，可以使用戒具：(一)罪犯有脱逃行为的；(二)罪犯有使用暴力行为的；(三)罪犯正在押解途中的；(四)罪犯有其他危险行为需要采取防范措施的。前款所列情形消失后，应当停止使用戒具。

第四十六条　人民警察和人民武装警察部队的执勤人员遇有下列情形之一，非使用武器不能制止的，按照国家有关规定，可以使用武器：(一)罪犯聚众骚乱、暴乱的；(二)罪犯脱逃或者拒捕的；(三)罪犯持有凶器或者其他危险物，正在行凶或者破坏，危及他人生命、财产安全的；(四)劫夺罪犯的；(五)罪犯抢夺武器的。使用武器的人员，应当按照国家有关规定报告情况。

第四十七条　罪犯在服刑期间可以与他人通信，但是来往信件应当经过监狱检查。监狱发现有碍罪犯改造内容的信件，可以扣留。罪犯写给监狱的上级机关和司法机关的信件，不受检查。

第四十八条　罪犯在监狱服刑期间，按照规定，可以会见亲属、监护人。

第四十九条　罪犯收受物品和钱款，应当经监狱批准、检查。

第五十条　罪犯的生活标准按实物量计算，由国家规定。

第五十一条　罪犯的被服由监狱统一配发。

第五十二条　对少数民族罪犯的特殊生活习惯，应当予以照顾。

第五十三条　罪犯居住的监舍应当坚固、通风、透光、清洁、保暖。

第五十四条　监狱应当设立医疗机构和生活、卫生设施，建立罪犯生活、卫生制度。罪犯的医疗保健列入监狱所在地区的卫生、防疫计划。

第五十五条　罪犯在服刑期间死亡的，监狱应当立即通知罪犯家属和人民检察院、人民法院。罪犯因病死亡的，由监狱作出医疗鉴定。人民检察院对监狱的医疗鉴定有疑义的，可以重新对死亡原因作出鉴定。罪犯家属有疑义的，可以向人民检察院提出。罪犯非正常死亡的，人民检察院应当立即检验，对死亡原因作出鉴定。

第五十六条　监狱应当建立罪犯的日常考核制度，考核的结果作为对罪犯奖励和处罚的依据。

第五十七条　罪犯有下列情形之一的，监狱可以给予表扬、物质奖励或者记功：（一）遵守监规纪律，努力学习，积极劳动，有认罪服法表现的；（二）阻止违法犯罪活动的；（三）超额完成生产任务的；（四）节约原材料或者爱护公物，有成绩的；（五）进行技术革新或者传授生产技术，有一定成效的；（六）在防止或者消除灾害事故中作出一定贡献的；（七）对国家和社会有其他贡献的。被判处有期徒刑的罪犯有前款所列情形之一，执行原判刑期二分之一以上，在服刑期间一贯表现好，离开监狱不致再危害社会的，监狱可以根据情况准其离监探亲。

第五十八条　罪犯有下列破坏监管秩序情形之一的，监狱可以给予警告、记过或者禁闭：（一）聚众哄闹监狱，扰乱正常秩序的；（二）辱骂或者殴打人民警察的；（三）欺压其他罪犯的；（四）偷窃、赌博、打架斗殴、寻衅滋事的；（五）有劳动能力拒不参加劳动或者消极怠工，经教育不改的；（六）以自伤、自残手段逃避劳动的；（七）在生产劳动中故意违反操作规程，或者有意损坏生产工具的；（八）有违反监规纪律的其他行为的。依照前款规定对罪犯实行禁闭的期限为七天至十五天。罪犯在服刑期间有第一款所列行为，构成犯罪的，依法追究刑事责任。

第五十九条　罪犯在服刑期间故意犯罪的，依法从重处罚。

第六十条　对罪犯在监狱内犯罪的案件，由监狱进行侦查。侦查终结后，写出起诉意见书，连同案卷材料、证据一并移送人民检察院。

第五章　对罪犯的教育改造

第六十一条　教育改造罪犯，实行因人施教、分类教育、以理服人的原则，采取集体教育与个别教育相结合、狱内教育与社会教育相结合的方法。

第六十二条　监狱应当对罪犯进行法制、道德、形势、政策、前途等内容的思想教育。

第六十三条　监狱应当根据不同情况，对罪犯进行扫盲教育、初等教育和初级中等教育，经考试合格的，由教育部门发给相应的学业证书。

第六十四条　监狱应当根据监狱生产和罪犯释放后就业的需要，对罪犯进行职业技术教育，经考核合格的，由劳动部门发给相应的技术等级证书。

第六十五条　监狱鼓励罪犯自学，经考试合格的，由有关部门发给相应的证书。

第六十六条　罪犯的文化和职业技术教育，应当列入所在地区教育规划。监狱应当设立教室、图书阅览室等必要的教育设施。

第六十七条　监狱应当组织罪犯开展适当的体育活动和文化娱乐活动。

第六十八条　国家机关、社会团体、部队、企业事业单位和社会各界人士以及罪犯的亲属，应当协助监狱做好对罪犯的教育改造工作。

第六十九条　有劳动能力的罪犯，必须参加劳动。

第七十条　监狱根据罪犯的个人情况，合理组织劳动，使其矫正恶习，养成劳动习惯，学会生产技能，并为释放后就业创造条件。

第七十一条　监狱对罪犯的劳动时间，参照国家有关劳动工时的规定执行；在季节性生产等特殊情况下，可以调整劳动时间。罪犯有在法定节日和休息日休息的权利。

第七十二条　监狱对参加劳动的罪犯，应当按照有关规定给予报酬并执行国家有关劳动保护的规定。

第七十三条　罪犯在劳动中致伤、致残或者死亡的，由监狱参照国家劳动保险的有关规定处理。

第六章　对未成年犯的教育改造

第七十四条　对未成年犯应当在未成年犯管教所执行刑罚。

第七十五条　对未成年犯执行刑罚应当以教育改造为主。未成年犯的劳动，应当符合未成年人的特点，以学习文化和生产技能为主。监狱应当配合国家、社会、学校等教育机构，为未成年犯接受义务教育提供必要的条件。

第七十六条　未成年犯年满十八周岁时，剩余刑期不超过二年的，仍可以留在未成年犯管教所执行剩余刑期。

第七十七条　对未成年犯的管理和教育改造，本章未作规定的，适用本法的有关规定。

第七章　附　则

第七十八条　本法自公布之日起施行。

附录二　中华人民共和国人民警察法

第一章　总　则

第一条　为了维护国家安全和社会治安秩序，保护公民的合法权益，加强人民警察的队伍建设，从严治警，提高人民警察的素质，保障人民警察依法行使职权，保障改革开放和社会主义现代化建设的顺利进行，根据宪法，制定本法。

第二条　人民警察的任务是维护国家安全，维护社会治安秩序，保护公民的人身安全、人身自由和合法财产，保护公共财产，预防、制止和惩治违法犯罪活动。

人民警察包括公安机关、国家安全机关、监狱、劳动教养管理机关的人民警察和人民法院、人民检察院的司法警察。

第三条　人民警察必须依靠人民的支持，保持同人民的密切联系，倾听人民的意见和建议，接受人民的监督，维护人民的利益，全心全意为人民服务。

第四条　人民警察必须以宪法和法律为活动准则，忠于职守，清正廉洁，纪律严明，服从命令，严格执法。

第五条　人民警察依法执行职务，受法律保护。

第二章　职　权

第六条　公安机关的人民警察按照职责分工，依法履行下列职责：

(一)预防、制止和侦查违法犯罪活动；

(二)维护社会治安秩序，制止危害社会治安秩序的行为；

(三)维护交通安全和交通秩序，处理交通事故；

(四)组织、实施消防工作，实行消防监督；

(五)管理枪支弹药、管制刀具和易燃易爆、剧毒、放射性等危险物品；

(六)对法律、法规规定的特种行业进行管理；

(七)警卫国家规定的特定人员，守卫重要的场所和设施；

(八)管理集会、游行、示威活动；

(九)管理户政、国籍、入境出境事务和外国人在中国境内居留、旅行的有关事务；

(十)维护国(边)境地区的治安秩序；

(十一)对被判处拘役、剥夺政治权利的罪犯执行刑罚；

(十二)监督管理计算机信息系统的安全保护工作；

(十三)指导和监督国家机关、社会团体、企业事业组织和重点建设工程的治安保卫工作，指导治安保卫委员会等群众性组织的治安防范工作；

(十四)法律、法规规定的其他职责。

第七条　公安机关的人民警察对违反治安管理或者其他公安行政管理法律、法规的个人或者组织，依法可以实施行政强制措施、行政处罚。

第八条　公安机关的人民警察对严重危害社会治安秩序或者威胁公共安全的人员，可以强行带离现场、依法予以拘留或者采取法律规定的其他措施。

第九条　为维护社会治安秩序，公安机关的人民警察对有违法犯罪嫌疑的人员，经出示相应证件，可以当场盘问、检查；经盘问、检查，有下列情形之一的，可以将其带至公安机关，经该公安机关批准，对其继续盘问：

（一）被指控有犯罪行为的；

（二）有现场作案嫌疑的；

（三）有作案嫌疑身份不明的；

（四）携带的物品有可能是赃物的。

对被盘问人的留置时间自带至公安机关之时起不超过二十四小时，在特殊情况下，经县级以上公安机关批准，可以延长至四十八小时，并应当留有盘问记录。对于批准继续盘问的，应当立即通知其家属或者其所在单位。对于不批准继续盘问的，应当立即释放被盘问人。

经继续盘问，公安机关认为对被盘问人需要依法采取拘留或者其他强制措施的，应当在前款规定的期间作出决定；在前款规定的期间不能作出上述决定的，应当立即释放被盘问人。

第十条　遇有拒捕、暴乱、越狱、抢夺枪支或者其他暴力行为的紧急情况，公安机关的人民警察依照国家有关规定可以使用武器。

第十一条　为制止严重违法犯罪活动的需要，公安机关的人民警察依照国家有关规定可以使用警械。

第十二条　为侦查犯罪活动的需要，公安机关的人民警察可以依法执行拘留、搜查、逮捕或者其他强制措施。

第十三条　公安机关的人民警察因履行职责的紧急需要，经出示相应证件，可以优先乘坐公共交通工具，遇交通阻碍时，优先通行。

公安机关因侦查犯罪的需要，必要时，按照国家有关规定，可以优先使用机关、团体、企业事业组织和个人的交通工具、通信工具、场地和建筑物，用后应当及时归还，并支付适当费用；造成损失的，应当赔偿。

第十四条　公安机关的人民警察对严重危害公共安全或者他人人身安全的精神病人，可采取保护性约束措施。需要送往指定的单位、场所加以监护的，应当报请县级以上人民政府公安机关批准，并及时通知其监护人。

第十五条　县级以上人民政府公安机关，为预防和制止严重危害社会治安秩序的行为，可以在一定的区域和时间，限制人员、车辆的通行或者停留，必要时可以实行交通管制。

公安机关的人民警察依照前款规定，可以采取相应的交通管制措施。

第十六条　公安机关因侦查犯罪的需要，根据国家有关规定，经过严格的批准手续，可以采取技术侦察措施。

第十七条　县级以上人民政府公安机关，经上级公安机关和同级人民政府批准，对严重危害社会治安秩序的突发事件，可以根据情况实行现场管制。

公安机关的人民警察依照前款规定，可以采取必要手段强行驱散，并对拒不服从的人员强行带离现场或者立即予以拘留。

第十八条 国家安全机关、监狱、劳动教养管理机关的人民警察和人民法院、人民检察院的司法警察，分别依照有关法律、行政法规的规定履行职权。

第十九条 人民警察在非工作时间，遇有其职责范围内的紧急情况，应当履行职责。

第三章 义务和纪律

第二十条 人民警察必须做到：

(一)秉公执法，办事公道；

(二)模范遵守社会公德；

(三)礼貌待人，文明执勤；

(四)尊重人民群众的风俗习惯。

第二十一条 人民警察遇到公民人身、财产安全受到侵犯或者处于其他危难情形，应当立即救助；对公民提出解决纠纷的要求，应当给予帮助；对公民的报警案件，应当及时查处。

人民警察应当积极参加抢险救灾和社会公益工作。

第二十二条 人民警察不得有下列行为：

(一)散布有损国家声誉的言论，参加非法组织，参加旨在反对国家的集会、游行、示威等活动，参加罢工；

(二)泄露国家秘密、警务工作秘密；

(三)弄虚作假，隐瞒案情，包庇、纵容违法犯罪活动；

(四)刑讯逼供或者体罚、虐待人犯；

(五)非法剥夺、限制他人人身自由，非法搜查他人的身体、物品、住所或者场所；

(六)敲诈勒索或者索取、收受贿赂；

(七)殴打他人或者唆使他人打人；

(八)违法实施处罚或者收取费用；

(九)接受当事人及其代理人的请客送礼；

(十)从事营利性的经营活动或者受雇于任何个人或者组织；

(十一)玩忽职守，不履行法定义务；

(十二)其他违法乱纪的行为。

第二十三条 人民警察必须按照规定着装，佩戴人民警察标志或者持有人民警察证件，保持警容严整，举止端庄。

第四章 组织管理

第二十四条 国家根据人民警察的工作性质、任务和特点，规定组织机构设置和职务序列。

第二十五条 人民警察依法实行警衔制度。

第二十六条 担任人民警察应当具备下列条件：

（一）年满十八岁的公民；

（二）拥护中华人民共和国宪法；

（三）有良好的政治、业务素质和良好的品行；

（四）身体健康；

（五）具有高中毕业以上文化程度；

（六）自愿从事人民警察工作。

有下列情形之一的，不得担任人民警察：

（一）曾因犯罪受过刑事处罚的；

（二）曾被开除公职的。

第二十七条 录用人民警察，必须按照国家规定，公开考试，严格考核，择优选用。

第二十八条 担任人民警察领导职务的人员，应当具备下列条件：

（一）具有法律专业知识；

（二）具有政法工作经验和一定的组织管理、指挥能力；

（三）具有大学专科以上学历；

（四）经人民警察院校培训，考试合格。

第二十九条 国家发展人民警察教育事业，对人民警察有计划地进行政治思想、法制、警察业务等教育培训。

第三十条 国家根据人民警察的工作性质、任务和特点，分别规定不同岗位的服务年限和不同职务的最高任职年龄。

第三十一条 人民警察个人或者集体在工作中表现突出，有显著成绩和特殊贡献的，给予奖励。奖励分为：嘉奖、三等功、二等功、一等功、授予荣誉称号。

对受奖励的人民警察，按照国家有关规定，可以提前晋升警衔，并给予一定的物质奖励。

第五章 警务保障

第三十二条 人民警察必须执行上级的决定和命令。

人民警察认为决定和命令有错误的，可以按照规定提出意见，但不得中止或者改变决定和命令的执行；提出的意见不被采纳时，必须服从决定和命令；执行决定和命令的后果由作出决定和命令的上级负责。

第三十三条 人民警察对超越法律、法规规定的人民警察职责范围的指令，有权拒绝执行，并同时向上级机关报告。

第三十四条 人民警察依法执行职务，公民和组织应当给予支持和协助。公民和组织协助人民警察依法执行职务的行为受法律保护。对协助人民警察执行职务有显著成绩的，给予表彰和奖励。

公民和组织因协助人民警察执行职务，造成人身伤亡或者财产损失的，应当按照国家有关规定给予抚恤或者补偿。

第三十五条 拒绝或者阻碍人民警察依法执行职务，有下列行为之一的，给予治安管理处罚：

（一）公然侮辱正在执行职务的人民警察的；

（二）阻碍人民警察调查取证的；

（三）拒绝或者阻碍人民警察执行追捕、搜查、救险等任务进入有关住所、场所的；

（四）对执行救人、救险、追捕、警卫等紧急任务的警车故意设置障碍的；

（五）有拒绝或者阻碍人民警察执行职务的其他行为的。

以暴力、威胁方法实施前款规定的行为，构成犯罪的，依法追究刑事责任。

第三十六条 人民警察的警用标志、制式服装和警械，由国务院公安部门统一监制，会同其他有关国家机关管理，其他个人和组织不得非法制造、贩卖。

人民警察的警用标志、制式服装、警械、证件为人民警察专用，其他个人和组织不得持有和使用。

违反前两款规定的，没收非法制造、贩卖、持有、使用的人民警察警用标志、制式服装、警械、证件，由公安机关处十五日以下拘留或者警告，可以并处违法所得五倍以下的罚款；构成犯罪的，依法追究刑事责任。

第三十七条 国家保障人民警察的经费。人民警察的经费，按照事权划分的原则，分别列入中央和地方的财政预算。

第三十八条 人民警察工作所必需的通讯、训练设施和交通、消防以及派出所、监管场所等基础设施建设，各级人民政府应当列入基本建设规划和城乡建设总体规划。

第三十九条 国家加强人民警察装备的现代化建设，努力推广、应用先进的科技成果。

第四十条 人民警察实行国家公务员的工资制度，并享受国家规定的警衔津贴和其他津贴、补贴以及保险福利待遇。

第四十一条 人民警察因公致残的，与因公致残的现役军人享受国家同样的抚恤和优待。

人民警察因公牺牲或者病故的，其家属与因公牺牲或者病故的现役军人家属享受国家同样的抚恤和优待。

第六章　执法监督

第四十二条 人民警察执行职务，依法接受人民检察院和行政监察机关的监督。

第四十三条 人民警察的上级机关对下级机关的执法活动进行监督，发现其作出的处理或者决定有错误的，应当予以撤销或者变更。

第四十四条 人民警察执行职务，必须自觉地接受社会和公民的监督。人民警察机关作出的与公众利益直接有关的规定，应当向公众公布。

第四十五条 人民警察在办理治安案件过程中，遇有下列情形之一的，应当回避，当事人或者其法定代理人也有权要求他们回避：

（一）是本案的当事人或者是当事人的近亲属的；

（二）本人或者其近亲属与本案有利害关系的；

（三）与本案当事人有其他关系，可能影响案件公正处理的。

前款规定的回避，由有关的公安机关决定。

人民警察在办理刑事案件过程中的回避，适用刑事诉讼法的规定。

第四十六条　公民或者组织对人民警察的违法、违纪行为，有权向人民警察机关或者人民检察院、行政监察机关检举、控告。受理检举、控告的机关应当及时查处，并将查处结果告知检举人、控告人。

对依法检举、控告的公民或者组织，任何人不得压制和打击报复。

第四十七条　公安机关建立督察制度，对公安机关的人民警察执行法律、法规、遵守纪律的情况进行监督

第七章　法律责任

第四十八条　人民警察有本法第二十二条所列行为之一的，应当给予行政处分；构成犯罪的，依法追究刑事责任。

行政处分分为：警告、记过、记大过、降级、撤职、开除。对受行政处分的人民警察，按照国家有关规定，可以降低警衔、取消警衔。

对违反纪律的人民警察，必要时可以对其采取停止执行职务、禁闭的措施。

第四十九条　人民警察违反规定使用武器、警械，构成犯罪的，依法追究刑事责任；尚未构成犯罪的，应当依法给予行政处分。

第五十条　人民警察在执行职务中，侵犯公民或者组织的合法权益造成损害的，应当依照《中华人民共和国国家赔偿法》和其他有关法律、法规的规定给予赔偿。

第八章　附　则

第五十一条　中国人民武装警察部队执行国家赋予的安全保卫任务。

第五十二条　本法自 2013 年 1 月 1 日起施行。1957 年 6 月 25 日公布的《中华人民共和国人民警察条例》同时废止。

附录三 中华人民共和国人民警察使用警械和武器条例

第一章 总 则

第一条 为了保障人民警察依法履行职责,正确使用警械和武器,及时有效地制止违法犯罪行为,维护公共安全和社会秩序,保护公民的人身安全和合法财产,保护公共财产,根据《中华人民共和国人民警察法》和其他有关法律的规定,制定本条例。

第二条 人民警察制止违法犯罪行为,可以采取强制手段;根据需要,可以依照本条例的规定使用警械;使用警械不能制止,或者不使用武器制止,可能发生严重危害后果的,可以依照本条例的规定使用武器。

第三条 本条例所称警械,是指人民警察按照规定装备的警棍、催泪弹、高压水枪、特种防暴枪、手铐、脚镣、警绳等警用器械;所称武器,是指人民警察按照规定装备的枪支、弹药等致命性警用武器。

第四条 人民警察使用警械和武器,应当以制止违法犯罪行为,尽量减少人员伤亡、财产损失为原则。

第五条 人民警察依法使用警械和武器的行为,受法律保护。

人民警察不得违反本条例的规定使用警械和武器。

第六条 人民警察使用警械和武器前,应当命令在场无关人员躲避;在场无关人员应当服从人民警察的命令,避免受到伤害或者其他损失。

第二章 警械的使用

第七条 人民警察遇有下列情形之一,经警告无效的,可以使用警棍、催泪弹、高压水枪、特种防暴枪等驱逐性、制服性警械:

(一)结伙斗殴、殴打他人、寻衅滋事、侮辱妇女或者进行其他流氓活动的;

(二)聚众扰乱车站、码头、民用航空站、运动场等公共场所秩序的;

(三)非法举行集会、游行、示威的;

(四)强行冲越人民警察为履行职责设置的警戒线的;

(五)以暴力方法抗拒或者阻碍人民警察依法履行职责的;

(六)袭击人民警察的;

(七)危害公共安全、社会秩序和公民人身安全的其他行为,需要当场制止的;

(八)法律、行政法规规定可以使用警械的其他情形。

人民警察依照前款规定使用警械,应当以制止违法犯罪行为为限度;当违法犯罪行为得到制止时,应当立即停止使用。

第八条 人民警察依法执行下列任务,遇有违法犯罪分子可能脱逃、行凶、自杀、自伤或者有其他危险行为的,可以使用手铐、脚镣、警绳等约束性警械:

（一）抓获违法犯罪分子或者犯罪重大嫌疑人的；

（二）执行逮捕、拘留、看押、押解、审讯、拘传、强制传唤的；

（三）法律、行政法规规定可以使用警械的其他情形。

人民警察依照前款规定使用警械，不得故意造成人身伤害。

第三章　武器的使用

第九条　人民警察判明有下列暴力犯罪行为的紧急情形之一，经警告无效的，可以使用武器：

（一）放火、决水、爆炸等严重危害公共安全的；

（二）劫持航空器、船舰、火车、机动车或者驾驶车、船等机动交通工具，故意危害公共安全的；

（三）抢夺、抢劫枪支弹药、爆炸、剧毒等危险物品，严重危害公共安全的；

（四）使用枪支、爆炸、剧毒等危险物品实施犯罪或者以使用枪支、爆炸、剧毒等危险物品相威胁实施犯罪的；

（五）破坏军事、通讯、交通、能源、防险等重要设施，足以对公共安全造成严重、紧迫危险的；

（六）实施凶杀、劫持人质等暴力行为，危及公民生命安全的；

（七）国家规定的警卫、守卫、警戒的对象和目标受到暴力袭击、破坏或者有受到暴力袭击、破坏的紧迫危险的；

（八）结伙抢劫或者持械抢劫公私财物的；

（九）聚众械斗、暴乱等严重破坏社会治安秩序，用其他方法不能制止的；

（十）以暴力方法抗拒或者阻碍人民警察依法履行职责或者暴力袭击人民警察，危及人民警察生命安全的；

（十一）在押人犯、罪犯聚众骚乱、暴乱、行凶或者脱逃的；

（十二）劫夺在押人犯、罪犯的；

（十三）实施放火、决水、爆炸、凶杀、抢劫或者其他严重暴力犯罪行为后拒捕、逃跑的；

（十四）犯罪分子携带枪支、爆炸、剧毒等危险物品拒捕、逃跑的；

（十五）法律、行政法规规定可以使用武器的其他情形。

人民警察依照前款规定使用武器，来不及警告或者警告后可能导致更为严重危害后果的，可以直接使用武器。

第十条　人民警察遇有下列情形之一的，不得使用武器：

（一）发现实施犯罪的人为怀孕妇女、儿童的，但是使用枪支、爆炸、剧毒等危险物品实施暴力犯罪的除外；

（二）犯罪分子处于群众聚集的场所或者存放大量易燃、易爆、剧毒、放射性等危险物品的场所的，但是不使用武器予以制止，将发生更为严重危害后果的除外。

第十一条　人民警察遇有下列情形之一的，应当立即停止使用武器：

（一）犯罪分子停止实施犯罪，服从人民警察命令的；

(二)犯罪分子失去继续实施犯罪能力的。

第十二条　人民警察使用武器造成犯罪分子或者无辜人员伤亡的,应当及时抢救受伤人员,保护现场,并立即向当地公安机关或者该人民警察所属机关报告。

当地公安机关或者该人民警察所属机关接到报告后,应当及时进行勘验、调查,并及时通知当地人民检察院。

当地公安机关或者该人民警察所属机关应当将犯罪分子或者无辜人员的伤亡情况,及时通知其家属或者其所在单位。

第十三条　人民警察使用武器的,应当将使用武器的情况如实向所属机关书面报告。

第四章　法律责任

第十四条　人民警察违法使用警械、武器,造成不应有的人员伤亡、财产损失,构成犯罪的,依法追究刑事责任;尚不构成犯罪的,依法给予行政处分;对受到伤亡或者财产损失的人员,由该人民警察所属机关依照《中华人民共和国国家赔偿法》的有关规定给予赔偿。

第十五条　人民警察依法使用警械、武器,造成无辜人员伤亡或者财产损失的,由该人民警察所属机关参照《中华人民共和国国家赔偿法》的有关规定给予补偿。

第五章　附　则

第十六条　中国人民武装警察部队执行国家赋予的安全保卫任务时使用警械和武器,适用本条例的有关规定。

第十七条　本条例自发布之日起施行。1980年7月5日公布施行的《人民警察使用武器和警械的规定》同时废止。

附录四　监狱人民警察单警装备使用管理办法

第一章　总　则

第一条　为保障监狱人民警察依法履行职责,加强和规范监狱人民警察单警装备管理,提高监狱人民警察执法能力,依据《中华人民共和国人民警察法》《中华人民共和国监狱法》《中华人民共和国人民警察使用警械和武器条例》等法律法规,制定本办法。

第二条　本办法所称单警装备,是指监狱人民警察在执法执勤等任务中随身佩带的个人基本装备,包括警械装备和勤务装备。单警警械装备包括多功能腰带、警棍、催泪喷射器、手铐、警哨、强光手电等。单警勤务装备包括对讲机、视音频执法记录仪等。

第三条　监狱人民警察依法使用单警装备的活动,受法律保护。

第二章　单警装备佩带

第四条　监狱人民警察执行执法执勤任务时,应当佩带多功能腰带、警棍,催泪喷射器、对讲机、视音频执法记录仪等单警装备。夜间执勤时,还应当佩带强光手电。监狱人民警察执行押解、巡逻警戒、防爆处突等任务时,可以根据需要佩带手铐等单警装备。

第五条　监狱人民警察应当按照下列规定佩带单警装备:

(一)对讲机、警哨、手铐、强光手电依次挂带在多功能腰带右侧;

(二)警棍、催泪喷射器依次挂带在多功能腰带左侧;

(三)视音频执法记录仪挂带在执勤警服左肩带;

(四)对讲机有肩式话筒的,挂带在执勤警服右肩带。

第三章　单警装备使用

第六条　监狱人民警察遇有下列情形之一,经警告无效的,可以当场使用警棍、催泪喷射器:

(一)罪犯打架斗殴、寻衅滋事,需要及时制止的;

(二)罪犯聚众哄闹,扰乱正常监管秩序的;

(三)罪犯破坏监管设施、劳动设备的;

(四)罪犯超越警戒线和规定区域,脱离监管擅自行动的;

(五)罪犯以暴力方式抗拒或者阻碍监狱人民警察依法履行职责的;

(六)罪犯袭击监狱人民警察或者其他监狱工作人员的;

(七)法律法规规定的其他情形。

使用警棍、催泪喷射器后,应当立即向所属部门或者机关书面报告使用情况。

第七条　监狱人民警察使用警棍、催泪喷射器,应当以制止罪犯违法违规行为为限度;罪犯违法违规行为得到制止的,应当立即停止使用。使用警棍时,应当尽量避免不必要身体伤害：造成罪犯身体伤害的，应当及时予以救治。使用催泪喷射器的，制服罪犯后应当及时进行清洁。

第八条　监狱人民警察遇有下列情形之一的，可以使用手铐：

（一）执行离监就医、特许离监、调犯等押解任务的；

（二）有迹象表明罪犯可能暴狱、闹狱和行凶、脱逃、自杀、自伤，或者需要防止其继续实施上述行为的；

（三）法律法规规定的其他情形。

使用手铐后，除前款第一项规定的情形外，应当立即补办审批手续。

第九条　监狱人民警察使用手铐，应当以防范和消除危险情形为限度，不得作为惩罚罪犯手段。不得给罪犯戴双铐、背铐。

第十条　开展下列现场执法活动，监狱人民警察应当使用视音频执法记录仪进行全程不间断记录：

（一）对罪犯进行收监、释放；

（二）对罪犯严重违规违纪行为进行处罚；

（三）对罪犯严重疾病进行诊治；

（四）对狱内案件现场进行保护、处置；

（五）执行调犯、离监就医等押解任务；

（六）对狱内重大突发事件、群体事件进行处置；

（七）需要进行现场执法视音频记录的其他情形。

第十一条　监狱人民警察开展现场执法视音频记录时，应当重点记录以下内容：

（一）执法现场环境；

（二）执法现场相关人员的体貌特征和言行举止；

（三）涉及罪犯违法违纪行为的重要物品及其主要特征，以及其他可以证明罪犯特定行为性质的证据；

（四）监狱人民警察现场告知罪犯权利义务、送达法律文书和对罪犯人身、财物采取措施的情况；

（五）其他应当记录的重要内容。

第十二条　监狱人民警察应当在当天执法活动结束后，将现场执法视音频资料导出保存。因连续工作、异地执法执勤无法及时导出资料的，应当在返回监狱后二十四小时内导出。

第十三条　监狱应当对现场执法视音频资料进行集中统一管理和分类存储，保存期限原则上不少于六个月。涉及狱内案件、重大突发事件、群体事件等执法现场的视音频资料，应当永久保存。

第四章　监督管理

第十四条　省级监狱管理机关应当统一单警装备制式、型号、性能指标等，规范单警装备配发、收回、维修、报废、存放等管理制度。

第十五条　监狱人民警察严禁私自调换、转借单警装备。发生丢失情形的，应当立即报告。

第十六条 监狱人民警察使用单警装备前,应当接受专业培训。

第十七条 监狱警务督察部门应当对监狱人民警察佩带和使用单警装备情况进行监督检查。发现违反规定佩带和使用单警装备的,应当责令其立即纠正;情节严重的,应当通报有关部门依法依规处理。

第十八条 监狱人民警察使用单警装备,应当接受检察机关法律监督。检察机关认为监狱人民警察违法违规使用单警装备的,监狱应当及时进行调查,并将调查处理结果通报检察机关。

第十九条 监狱人民警察违法违规使用单警装备,造成罪犯伤亡或者财产损失,构成犯罪的,依法追究刑事责任;尚不构成犯罪的,依法给予行政处分;对受到伤亡或者财产损失的罪犯,监狱应当依法承担赔偿责任。

第五章 附 则

第二十条 各省、自治区、直辖市司法厅(局),新疆生产建设兵团监狱管理局可以根据本办法,结合本地区实际,制定实施细则。

第二十一条 本办法自 2018 年 2 月 1 日起施行。

附录五　司法行政机关公务用枪管理规定

第一章　总　则

第一条　为了加强和规范司法行政机关公务用枪管理,确保枪支安全,提高依法管理、使用武器能力,依据《中华人民共和国人民警察法》《中华人民共和国枪支管理法》《中华人民共和国监狱法》《中华人民共和国人民警察使用警械和武器条例》《公务用枪配备办法》等法律法规,制定本规定。

第二条　本规定所称公务用枪,是指司法行政机关按照《公务用枪配备办法》配备的各类枪支。

职能部门,是指司法行政机关承担公务用枪管理职责的内设部门。

配枪单位,是指司法行政机关监狱管理、戒毒管理等部门和监狱、强制隔离戒毒所。

配枪人员,是指配枪单位人民警察依法履行刑罚执行、狱政管理、狱内侦查、教育改造和所政管理、警戒护卫、教育戒治等职责,确有必要使用枪支,并获准核发《中华人民共和国公务用枪持枪证》(以下简称"持枪证")的人员。

第三条　司法行政机关公务用枪管理坚持统一领导、分级负责、规范管理、确保安全的原则。

第四条　省级司法行政机关应当成立由主要负责人牵头,纪检监察、政工、监狱管理、戒毒管理、法制、计财装备等职能部门负责人参加的公务用枪管理委员会,统一组织领导、指导协调、监督检查本行政区域内司法行政机关公务用枪管理工作。

地市级司法行政机关根据本地枪支管理工作需要,按照规定报经批准可以成立公务用枪管理委员会。

公务用枪管理委员会下设办公室(计财装备部门)承担公务用枪管理委员会的具体事务,并接受同级人民政府公安机关业务指导。

第五条　司法行政机关公务用枪管理职能部门的分工:

(一)纪检监察部门负责对人民警察使用枪支过程中构成违法违纪的案件进行调查。

(二)政工部门负责审核配枪人员工作岗位及警察身份,评定持枪资格等级,对公务用枪管理使用情况进行监督检查,对违反规定的行为及时纠正和制止,对构成违法违纪的移交有关部门处理。

(三)监狱管理部门负责监督检查监狱系统公务用枪日常管理,组织配枪人员进行专项教育、训练、考核。

(四)戒毒管理部门负责监督检查强制隔离戒毒系统公务用枪日常管理,组织配枪人员进行专项教育、训练、考核。

(五)法制部门参与公务用枪制度建设、案件查处,并提出法律意见和建议。

(六)计财装备部门负责拟定公务用枪管理制度,组织公务用枪管理工作专项检查;编报公务用枪购置计划，组织实施公务用枪购置、调拨、维修、报废等勤务保障工作；申请办理公务用枪电子枪证，申请办理配枪人员持枪证；审定配枪单位枪支弹药库建设方案；组织采购枪支弹药专用保险柜等；推进枪支管理信息化建设。

第六条　司法行政机关应当建立健全公务用枪管理制度，加强制度落实监督检查。推进公务用枪智能设备和管理软件应用，不断提升枪支管理科技信息化水平。

第二章　配枪单位

第七条　配枪单位是公务用枪管理使用的责任主体，主要领导是本单位枪支管理工作的第一责任人，分管领导是领用枪支的主管责任人。配枪单位应当明确枪支管理部门和直接责任人的管理职责。

第八条　配枪单位应当按照执法岗位和承担任务需要，在配枪范围、标准内，拟定配枪人员，申领持枪证件，严禁超范围、超标准配备。

第九条　配枪单位的公务用枪及枪证、持枪证实行单位集中统一保管，即执行公务时从枪支弹药库领取，公务结束后及时归还。

第十条　配枪单位应当建立健全公务用枪责任、审批、登记、值班、保管、检查、培训等管理制度和安全风险应急处置预案，加强枪支配备、使用、保管全过程管理，严格检查监督，确保枪支安全。

第十一条　配枪单位应当建立配枪人员、公务用枪管理档案、台账，普及应用全国枪支管理信息系统。

第十二条　配枪单位应当对配枪人员进行经常性思想政治、法制观念和安全常识教育，定期组织专门培训和射击训练，提高应急处置和实战能力。

第十三条　配枪单位发生违法违规使用枪支案件和枪支被盗、被抢、丢失或者其他事故的，应当立即报告主管司法行政机关，同时向辖区公安机关报案。

第三章　配枪人员

第十四条　配枪人员应当具备下列条件：

（一）已授予人民警察警衔，通过履职岗位和持枪资格审核；

（二）熟知枪支管理法律法规、规章规定，通过相关法律政策考试；

（三）熟练掌握所配枪支种类的使用、保养技能，通过实弹射击考核。

第十五条　具备配备公务用枪条件的人员，由配枪单位提出申请，逐级上报省级司法行政机关审批后，按照规定程序向省级公安机关申请核发持枪证。

第十六条　有下列情形之一的，应当暂停或者取消配枪人员配枪资格，并及时履行相关手续：

（一）因情况发生变化，有不符合本规定第十四条规定条件的；

（二）被检察机关、纪检监察部门调查或者审查的；

（三）受到党纪、行政处分，且仍在处分期内的；

（四）因身体或者心理原因丧失管理枪支行为能力的；

（五）调离配枪岗位或已经退休的；

（六）法律法规规定的其他情形。

第十七条 省级司法行政机关职能部门应当按照公务用枪年度训练计划和考核办法，组织配枪人员进行专业培训、考核，加强法律政策、敌情观念、心理素质、射击要领及枪支分解结合的教育训练，提升配枪人员依法、规范、安全管理使用枪支的技能。

第十八条 省级司法行政机关职能部门应当组织配枪人员进行枪支使用训练，每年至少组织两次实弹射击活动，配枪人员每人年度实弹射击训练用弹数量不少于100发。手枪射击训练为必训科目，其他枪支训练根据工作任务确定，加大近距离实战对抗射击训练比重。

第十九条 省级司法行政机关可依托具备条件的配枪单位，集中或分片建设警察训练基地及射击场馆，按照相关标准要求完善场地设施设备，建立健全实弹射击管理制度，细化程序规则，落实安防措施，确保训练安全有效。

第四章　领用交还

第二十条 配枪人员执行下列公务时，经配枪单位分管领导批准，可以领取、持有公务用枪及相关证件，公务完成后应当立即归还：

（一）追捕脱逃罪犯和追找脱逃戒毒人员的；

（二）押解罪犯和遣送戒毒人员的；

（三）制止监狱、戒毒场所内行凶、骚乱、暴动等紧急事件的；

（四）处置危及监狱、戒毒场所安全的严重事件的；

（五）押运枪支弹药的；

（六）参加应急演习和射击训练的；

（七）执行其他特殊任务的。

配枪人员需要每天佩带枪支执行任务的，可以实行按月审批，领用交还枪支情况应向上级主管部门报告备案。

第二十一条 配枪人员携带枪支时，必须携带持枪证件。公安机关依法查验时，配枪人员应当主动配合。

第二十二条 配枪人员持枪必须遵守下列规定：

（一）贴身佩带枪支，严防被抢、被盗、丢失；

（二）严禁携带枪支进入禁止携带枪支的区域、场所；

（三）严禁携带枪支单人进入罪犯监管区和戒毒管理区；

（四）严禁携带枪支饮酒、进入公共场所或探亲访友；

（五）严禁在非指定靶场进行射击训练；

（六）严禁随意鸣枪、枪口对人或用枪狩猎；

（七）严禁在办公室、家中存放枪支或交由他人保管；

（八）严禁出租、出借或私自调换枪支；

（九）严禁私自修理枪支或更换枪支零部件；

（十）其他相关规定。

第二十三条 持枪人员在执行公务时，遇有《中华人民共和国监狱法》《中华人民共和国人民警察使用警械和武器条例》规定的暴力犯罪行为紧急情形之一，非使用武器不能制止，或者不使用武器制止可能发生严重危害后果、经警告无效的，可以使用枪支。

第二十四条　持枪人员使用枪支时，应当严格遵守《中华人民共和国人民警察使用警械和武器条例》规定的不得使用武器和停止使用武器的情形。

第二十五条　持枪人员使用武器后应当保护好现场，立即报告所属配枪单位。配枪单位应当及时将使用武器情况书面报告上级管理机关。

第二十六条　配枪人员凭审批手续领取、交还枪支时，应当由枪管人员通过枪支管理信息系统验录核对持枪证、电子枪证信息，并在规定区域按规范动作验枪后，发放、接收枪支。

第五章　库存管理

第二十七条　配枪单位应当设置存放公务用枪的枪支弹药库，保障枪支存放安全和及时领用。枪支弹药库的建设和管理应当符合《枪支(弹药)库室风险等级划分与安全防范要求》(GA 1016—2012)的规定，落实物防、技防、人防、联防有关要求，做到地点安全、设施达标、设备齐全、管理规范。

第二十八条　配枪单位枪支弹药库应当设置在行政办公区域内，可与指挥(监控)中心相邻。枪支弹药库门应在中心值班人员目所能及范围。枪支弹药库可由指挥(监控)中心值班人员负责一并值守。

第二十九条　配枪单位新建、改建、扩建枪支弹药库的使用面积应当不少于50平方米，包括枪支室、弹药室、收发登记室等功能室，各室之间应当有必要的隔离设施。收发登记室应设置验枪区，配备验枪专用设施。

第三十条　枪支弹药库必须坚固安全，安装符合国家标准的高等级防盗门、防盗窗、报警器和防爆灯具。库(室)门应当安装明、暗双锁。防盗窗栅栏钢筋直径不小于12毫米，竖杆间距不得超过10厘米，横杆间距不得超过30厘米。报警器应当与单位指挥(监控)中心联网，有条件的单位应当与公安机关"110"联网。

第三十一条　枪支弹药库应当安装符合国家标准要求的视频监控系统，做到无盲点覆盖。监控系统应当采用双路供电或配置备用电源。

第三十二条　枪支弹药库应当保持清洁干燥，库内最高温度不高于30℃，最高相对湿度不大于70%。高温、高湿地区枪弹库应当安装降温和除湿设备。

第三十三条　枪支弹药库应当配备符合《枪支弹药专用保险柜》(GA 1501—2013)标准的数字化智能型枪弹柜。枪弹柜重量小于340公斤的，应当将柜体固定在混凝土地面或墙壁上。

第三十四条　枪支弹药库库存的枪支、弹药必须分室存放，严禁将枪支与弹药存放于同一室中。

第三十五条　枪支弹药库管理应当执行下列规定：

(一)严格值守管理。配备专(兼)职枪库守护人员，建立值班制度，做到24小时有人值守；选配专(兼)职枪支管理人员，先培训后上岗，明确管理职责，实行双人双锁管理，开锁钥匙及密码应当分别存放。禁止向无关人员泄露枪支弹药库地点、值守、武器数量等信息。未经批准，任何人不得进入库内。

（二）严格登记管理。枪管员应当及时登记枪支收发、进库检查、保养维护、值班值守等事项，做到登记准确、字迹清楚、记录完整。

（三）严格审批管理。严格执行配枪人员领用枪支、弹药审批制度，认真审核审批手续，用毕立即收回。领导成员领用枪支须经上一级领导审批。未经批准，任何人不得擅自动用库存枪支、弹药。

（四）严格验枪管理。配枪人员领取、交还枪支时，枪管员应当验录核实持枪证、电子枪证信息，按照规范动作验枪，确保枪膛、弹匣内无子弹。

（五）严格存放管理。枪支、弹药应当放置有序，定期清点，做到账物相符。按照规定擦拭、保养枪支，做到无锈蚀霉变。

（六）严格消防管理。配备消防和应急照明设备，设置严禁烟火标志。

第六章　勤务保障

第三十六条　省级司法行政机关计财装备部门负责组织实施公务用枪购置、调拨、维修、报废等活动，统一制定公务用枪管理登记台账和相关表格。

第三十七条　地方各级司法行政机关公务用枪年度购置计划，由计财装备部门会同监狱管理、戒毒管理等部门组织编制，经主要负责人批准后，按程序申报审批。

省级司法行政机关计财装备部门会同监狱管理、戒毒管理等部门汇总审核本行政区域内司法行政机关公务用枪年度购置计划，经主要负责人批准后，按有关规定报省级公安机关申请统一组织购置，并报司法部备案。

第三十八条　配枪单位接收枪支弹药后，应当及时点验实物、造册登记、入库管理，进行有关资产、资金账务处理，并及时到公安机关制作枪弹痕迹，办理和加载电子枪证。

第三十九条　配枪单位运输枪支、弹药应当经省级司法行政机关批准，并向公安机关如实申报运输枪支、弹药的品种、数量和运输路线、方式，领取运输许可证。枪支、弹药运输应当使用安全可靠的封闭式运输设备，枪、弹分开运输，专人武装押运。

第四十条　配枪单位领用弹药应当办理审批手续，进行消耗数量登记，及时申请补充库存。

第四十一条　配枪单位修理枪支应当报告省级司法行政机关计财装备部门，统一组织送修，及时排除故障。

第四十二条　配枪单位报废枪支、弹药应当造册登记，逐级报省级司法行政机关审批。省级司法行政机关与同级公安机关确定销毁方案，办理注销枪证手续，同时报司法部计财装备部门备案。

第四十三条　各级司法行政机关不得擅自将应由配枪单位自行保管的枪支，上收统一保管。配枪单位暂时不具备保管条件需要委托其他配枪单位代为保管枪支的，应当报经省级司法行政机关批准。委托受托双方应当签订保管协议，明确保管时限和双方责任，并在枪支弹药库中单独存放。

第七章　检查监督

第四十四条　司法行政机关应当采取突击检查、随机抽查、交叉互查、回头复查等方式，灵活运用询问谈话、查阅档案、调看录像、模拟测试、现场检查等方法，定期检查枪支管理工作。

（一）配枪单位应当每月自查一次。

（二）司法行政机关监狱管理、戒毒管理部门应当每半年对直属配枪单位检查一次。

（三）省级司法行政机关应当每一年对本地配枪单位检查一次。

（四）司法部应当不定期组织对各地司法行政机关枪支管理工作进行检查。

第四十五条　公务用枪管理工作检查的主要内容包括：

（一）枪弹配备数量是否符合标准，领取、交还是否及时，账物是否相符，枪证是否齐全。

（二）配枪人员数量是否符合标准、身份是否合格、表现是否良好、训练是否达标，持枪证是否齐全并在有效期内。

（三）枪支管理人员配备是否齐全，思想是否稳定，表现是否良好。

（四）枪支管理信息系统运行维护是否良好；配枪人员公务用枪管理档案、审批表格、工作台账是否齐全，登记是否准确、完整、及时。

（五）公务用枪管理责任制度、值班制度、保管制度、登记制度、检查制度、培训制度等是否健全并得到有效执行。

（六）枪支弹药库防盗门、防盗窗及防盗锁是否符合安全标准，枪柜、弹柜是否符合国家标准；枪支、弹药是否分柜存放，保养是否良好；代管外单位枪弹是否经过批准、是否签订协议并单独存放；视频监控是否交叉全覆盖；报警装置是否与指挥（监控）中心、"110"联网；应急照明供电设备是否正常。

第四十六条　检查人员应当对实施检查的时间、地点、内容、发现的问题以及处置等情况作出书面记录，由检查人员、被检查单位负责人签字确认。

第四十七条　司法行政机关检查活动结束后，对被检查单位存在的违规问题、安全隐患，应当予以及时纠正或者限期改正；对管理制度未落实、问题隐患突出的，应当给予通报批评或者依照有关规定对责任人予以问责；对涉嫌违法违纪的，应当组织查处或者移交有关部门处理。

第四十八条　对严格遵守本规定，并做出显著成绩的单位和个人，应当给予表扬或者依照有关规定给予表彰、奖励；对违反本规定的，参照《公安民警违反公务用枪管理使用规定行政处分若干规定》处理。

第八章　附　则

第四十九条　公务用枪配用弹药的管理，适用本规定。

第五十条　司法行政机关所属教学、科研鉴定机构和警察院校经过批准配置的业务工作所需教学用枪和样品枪的管理，参照本规定执行。

第五十一条　省级司法行政机关可根据本规定，结合本地实际，制定实施细则并报司法部备案。

第五十二条　本规定自发布之日起实施。《司法部关于印发〈司法行政系统公务用枪配备管理办法〉的通知》(司发通〔2003〕11 号)同时废止。

附录六 监所警察使用警戒具与武器的相关表格

表1 使用戒具审批表

单位：   编号：

姓名		性别		出生日期			
罪名		刑种		刑期		健康状况	
申请依据							
申请期限						（签字） 年 月 日	
监区意见						（签字） 年 月 日	
主管科室 意见						（签字） 年 月 日	
监狱意见						（签字） 年 月 日	
罪犯戴戒具 期间的表现							
解除戒具 情况	对罪犯　　　　已于 年 月 日解除戒具。 批准人：　　　（签字）　　　　　　　　执行人：　　　（签字） 　　年 月 日　　　　　　　　　　　　　　年 月 日						

表 2 使用警械报告表

使用单位：   年　月　日

被使用人情况	姓名		性别		出生年月	
	案由		刑期		健康状况	

使用警械理由和使用情况	
	使用人签名： 年　月　日

见证人签署意见	

使用单位负责人签署意见	
	负责人签名： 年　月　日

备注	

图书在版编目（CIP）数据

监所警用装备规范化使用教程／潘海湘，卿洪华，唐翠连主编. —长沙：中南大学出版社，2021.8
ISBN 978-7-5487-4530-3

Ⅰ. ①监… Ⅱ. ①潘… ②卿… ③唐… Ⅲ. ①监狱—警察—装备—中国—教材 Ⅳ. ①D926.7②D631

中国版本图书馆 CIP 数据核字（2021）第 123683 号

监所警用装备规范化使用教程
JIANSUO JINGYONG ZHUANGBEI GUIFANHUA SHIYONG JIAOCHENG

主编 潘海湘 卿洪华 唐翠连

□责任编辑	唐天赋		
□责任印制	唐 曦		
□出版发行	中南大学出版社		
	社址：长沙市麓山南路	邮编：410083	
	发行科电话：0731-88876770	传真：0731-88710482	
□印 装	长沙雅鑫印务有限公司		

□开 本	787 mm×1092 mm 1/16	□印张 11.25	□字数 269 千字	
□互联网+图书	二维码内容 视频 60 分钟			
□版 次	2021 年 8 月第 1 版	□印次 2021 年 8 月第 1 次印刷		
□书 号	ISBN 978-7-5487-4530-3			
□定 价	42.00 元			

图书出现印装问题，请与经销商调换